矛盾化解金钥匙

李维忠 /著

基层纠纷排查调处实务指南

中国法制出版社
CHINA LEGAL PUBLISHING HOUSE

序言 Preface

矛盾无处不在，普遍存在于各种社会关系、行业领域之中。矛盾能否得到妥善化解，不仅是关系整个团队组织是否团结和谐的大问题，也是个人家庭是否幸福美满的重要基础。在工作、学习和生活中，由于人们的观察视角、个人认知、利益攸关点等不同，矛盾在所难免。哪个团队、组织能够科学有效地化解矛盾，它就发展得快、发展得好。

然而，要想真正彻底化解矛盾，摆脱矛盾困扰，需要考量的因素有很多，需要做的工作也很多。比如，有的矛盾“症结”复杂，难以找到“病根”，很难“对症下药”；有的矛盾时间久远，所涉人和事早已物是人非，很难“顺藤摸瓜”；有的矛盾重重叠加，剪不断理还乱，很难“剥茧抽丝”；等等。要想化解这些矛盾，有时需要破除陈旧错误偏执的思想观念，有时需要促成矛盾双方的有效沟通，有时需要精心研究矛盾涉及的法律法规政策等。所有这些，通俗的说法就是用“办法”解决矛盾问题。“办法”是人们解决现实矛盾问题、实现战略目标的有效“路径”和“通道”，是必不可少的科学操作程序和步步为营的实施步骤，是打开“矛盾锁”的“金钥匙”。

大家都知道化解矛盾很重要，但对于如何化解矛盾，常常无计可施，陷入老办法不管用、新办法不会用、硬办法不敢用的困境。面对矛盾难题，迫切需要我们用习近平新时代中国特色社会主义思想武装头脑，从理论和实践的结合上探寻“路径”和“通道”，找到能够“接地气”解决矛盾问题的“金钥匙”。因此，加强对矛盾化解规律的深入研究，找到更加有效、管用、能动“心”（芯）的化解矛盾的“金钥匙”，势在必行。

笔者三十年来先后经历了驻村党建工作组、乡镇管区、县镇团委、县青联少工委、乡镇党委政府、县级机关党委、县级政法委、区级政务服务局等多个岗位的历练，在多年的工作、学习和生活中坚持不懈地研究化解矛盾的思路和办法，撰写了大量的相关笔记和心得体会。为满足政法、信访、司法、基层管理、人际关系等方面化解矛盾之所需，实现“化解矛盾、幸福人生、奉献社会”的愿望，笔者潜心深入研究撰写了《矛盾化解金钥匙》一书。

为使该书更有针对性、更符合实践需要，笔者两年来做了大量准备工作：认真研读了习近平总书记系列重要讲话，学习了上级有关部门单位领导讲话和工作安排部署，以上级有关部门对矛盾问题化解指导思想和精神为“标”作为对照，检视书中的内容，确保政治性和人民性在矛盾化解工作中得到充分体现。精心学习了一些法律法规政策，深刻把握法律平等、自愿、公平、诚信等精神。静心瞻读了一些历史文化书籍，如《道德经》《论语》《孙子兵法》《王阳明心学》等国学经典，从现实应用的视角学习思考圣人先贤处理复杂问题的智慧。用心学习了心理学、生理学、领导学、中国历史、优秀人物传记等方面的书籍，如《季羡林：读书与做人》、《走到人生边上》（杨绛）、《逻辑的本质》、《干法》（稻盛和夫）等，认真汲取与化解矛盾有关的各种“营养”。反复揣摩了自己操作过的多个矛盾纠纷化解案例，进一步深入厘清利用“情理法”融合技巧实现“事心同解”“案结事了”的妙理。向市县镇村从事政法信访司法的多名干部职工虚心求教，与之深入交流探讨各类不同矛盾化解的实战实操经验体会，深刻把握现实社会矛盾化解规律、技巧和具体步骤。切实尊重专业性特点，总体撰稿完成后分别请政法干部、信访干部、司法干部、法官、律师、医生、心理学老师等对本书有关论述进行了认真审阅。

本书着力研究探讨矛盾化解规律，旨在与读者朋友们携手走出雾锁深谷、藤缠迷径的困境，把握用“情理法”有机融合化解矛盾的真谛，着眼于实操、实干、实战，突出可操作性、针对性、实用性，力求找到化解矛盾的好办法。同时，本书还兼具哲理性和欣赏性：秉承便于阅读的原则，在语言表达上，以通俗易懂、深入浅出的白话为主，叙述中力争做到有道、有趣、有效。坚持“授人以鱼不如授人以渔”的理念，遵循哲学、心理学、领导学、法学等有关规律要求，以科学的逻辑思维为指引，详细释明化解矛盾各个环节中的具体方法和注意事项，感悟“解锁”的奥妙。本书力求体例结构明晰：在每部分开篇之前，设置了“导读”，方便读者朋友们快速瞄准所需，有针对性地阅读；在每篇中间部分，设置了“典型案例”，以案明理、释法，帮助读者朋友们加深认识；在每篇结尾之处，设置了“办案心得”，既是对工作心得的凝练小结，也期待能够带给读者朋友们一点启发。

本书顺需而成，契合当前构建和谐社会、幸福人生的现实需求。笔者在解决矛盾的现实世界中研究技巧问题，优化和完善化解矛盾的技巧；在研究技巧的思想世界中聚焦解决现实矛盾，有效促进矛盾的分析和解决。相信本书的出版，对读者朋友们有效化解矛盾会有积极帮助和深刻启发，希望大家今后在面对复杂矛盾问题时能够具有乱云飞渡仍从容的刚毅定力，在化解矛盾时有如庖丁解牛的娴熟技巧。

我们所处的时代是中华民族实现伟大复兴的新时代。这个新时代，为中华各族儿女激情奋进、追求幸福生活提供了良好的发展机遇，搭建了广阔的舞台。同时，毋庸置疑，发展进程也不会一帆风顺，会有个别错综复杂的矛盾时而显现。这些无论是在社会发展还是个人奋斗道路上不断出现的新矛盾、新问题，都向我们提出了新挑战、新课题，考验着我们的信心和能力。世上无难事，只怕有心人。“长风破浪会有时，直挂云帆济沧海。”只要我们增强信心、鼓起勇气，善于学习、精心研究，不为难事所吓倒、只为成功想办法，就一定能找到解决难题、化解矛盾的“金钥匙”，就一定能在苦干、实干基础上实现巧干。

写于山东省黄河三角洲农业高新技术产业示范区

李维忠

2021 年 12 月 8 日

目录 Contents

第三篇 沟 通

第四篇 拆 分

第五篇 攻 坚

第六篇 洞 察

第一篇　总　论

导读

钥匙开锁基本原理

认识矛盾和解决矛盾

解决难题要重视矛盾特殊性

钥匙开锁基本原理

这里有个“铁棍、铁锁和钥匙”的故事：

一天，财主家大门上添了把大铁锁，主人很喜欢这把大铁锁。对此，铁棍很嫉妒。于是，铁棍就不断地重击铁锁，想打开铁锁。可任凭铁棍怎么用力敲打铁锁，铁锁就是打不开。这时钥匙来了，钥匙往锁眼里一插，铁锁便开了。这让铁棍很纳闷，于是便问铁锁：“我用了那么大力气你都不开，怎么钥匙一来轻轻一插，你就开了呢?”铁锁微微一笑说：“钥匙一插，我心（芯）动了啊!”

由此可见，要想顺利开锁，就得有开锁的钥匙。

这里说的“锁”，是指一般意义上的铁锁、铜锁等。这里说的“钥匙”，是指我们日常生活中经常使用的开锁工具。正所谓：一把钥匙开一把锁。每把锁都有自己的结构和机理，每把钥匙也各有诀窍和奥妙。开锁，就是利用钥匙与锁的机械动配原理，用钥匙撬动锁的“机关”，将闭合的锁打开。因此，要想制造出能打开锁的钥匙，就得知道锁的“机关”何在。

认识矛盾和解决矛盾

同上道理，要想打开“矛盾锁”，就得知道“矛盾锁”的“机关”何在。弄明白了“矛盾锁”的“机关”，才能制造出化解矛盾的“金钥匙”，也就是找到科学有效化解矛盾的窍门和办法。

矛盾问题的“机关”在哪里？面对矛盾问题如何下手解决？如何将矛盾问题解决得更快、效果更好？如何将矛盾问题解决得非常彻底没有其他后遗症？这些都是团队或个人在工作、学习和生活中经常遇到的困境、烦恼，甚至是其苦苦探寻的棘手问题。

对于上述问题，笔者深有体会。结合自己多年来在多个岗位无数次用心化解复杂矛盾问题的实践经验，细细揣摩，寻求妙理。同时，按照习近平总书记“我们要坚持用马克思主义观察时代、解读时代、引领时代”① 的要求，笔者认真学习马克思主义关于世界观、方法论的论述，尽自己所能精心思考写成此书与朋友们分享，力争给朋友们奉献一些有关化解矛盾技巧的启示。

毛主席的《实践论》为人们提供了认识事物的基本原理和方法，它要求人们在认识事物的时候，由表及里全方位观察、由感性认识到理性认识、了解事物的演变过程、逐渐加深对事物的认识。认真观察事物的外在特性，从不同侧面观察研究，细致地找出事物的外在特性各个要素。详细分析事物的内在特性，认真研究事物的内在特性，找出事物的内在特性各个要素。毛主席的《矛盾论》深刻论述了马克思主义唯物辩证法关于矛盾的规律。矛盾，反映了事物间相互作用、相互影响的一种特殊状态。矛盾有主次之分，包括主要矛盾、次要矛盾和矛盾的主要方面和次要方面。复杂事物包含多个矛盾，其地位和作用是不平衡的，其中必有一个矛盾居于支配地位，对事物的发展起着决定性作

① 《习近平谈治国理政》（第三卷），外文出版社 2020 年版，第 76 页。

用，这个矛盾就是主要矛盾；反过来，不处于支配地位，对事物发展不起决定性作用的矛盾就是次要矛盾。一个矛盾有两个方面，其地位和作用也不平衡，其中居于支配地位，对事物的发展起主导作用的矛盾方面，叫作矛盾的主要方面；反之，处于被支配地位，对事物的发展不起主导作用的矛盾方面，叫作矛盾的次要方面。主次矛盾和矛盾的主次方面的关系都是相互联系、相互影响，并在一定条件下可以相互转化的。要坚持用两点论和重点论相统一的观点看问题。坚持两点论，就是在认识复杂事物时，既要看到主要矛盾，又要看到次要矛盾；在认识某一矛盾时，既要看到矛盾的主要方面，又要看到矛盾的次要方面。坚持重点论，就是在认识复杂事物时，要着重把握主要矛盾；在认识某一矛盾时，要着重把握矛盾的主要方面，要抓住主流。矛盾既有普遍性，又有特殊性。它的普遍性要求我们承认矛盾，分析矛盾，勇于揭露矛盾，积极寻找正确的方法解决矛盾；它的特殊性需要我们具体问题具体分析。质量互变规律和内外因作用原理对我们的启示也很大。质量互变规律要求我们重视量的积累，不失时机地促成飞跃、发展和变化。内外因作用原理告诉我们，事物的发展是内外因共同起作用的结果，内因是事物发展的根据，是第一位的，它决定着事物发展的基本趋向；外因是事物发展的外部条件，是第二位的，它对事物的发展起着加速或延缓的作用，外因必须通过内因起作用。

前述哲学观点有助于我们找到矛盾化解的思路、路径和方法，是我们认识矛盾和解决矛盾的“导航”。根据这个“导航”找办法、找诀窍，既快速、精准又科学。通过“导航”的科学指引，大家能够尽快找到深入浅出、通俗易懂、符合规律的解决矛盾的具体办法，找到根除“疑难杂症”的有力工具。

解决难题要重视矛盾特殊性

寻找化解复杂矛盾之法，要尽心向深处探索研究、向细处延伸着力。尊重经验，但不能迷信经验。经验，是从已经发生的事件中获取的知识。一个人有经验是好事，这是难能可贵的。但是，不能迷信经验，因为矛盾具有特殊性，对具体问题要做深入的分析。生活中，有些“经验”反而会制约、限定、束缚我们。应该做到：尊重经验，但不迷信经验；尊重概率，而不盲从概率。我们要善于挖掘不容易被重视、察觉的矛盾特殊性，认真分析考量，把矛盾特殊性真正弄明白了，知其所以然，那么就可以因“其”制宜化解矛盾。工作中，那些看似处理（调解）成功概率很小的“老大难”“疑难杂症”“信访积案”，就会在我们以“求是”的态度认真研判、勠力攻坚中取得实质性突破、系统性化解，真正“案结事了”，增进矛盾当事人福祉，促进社会和谐。人生路上，我们倡导遇到矛盾问题，经过很多日日夜夜“绞尽脑汁”和“流血流汗”后仍不能看到“黎明”、不能有效破解，而自己内心欲想“放弃”时，我们要以如此“理念”毅然下定决心：这仅仅是我“接手”此矛盾问题“刚刚开始”之时，怎么能打“退堂鼓”呢？要坚决耐心细致地找到“特殊性”，然后突破常规、创新思维、大胆决策，则无坚不摧、战无不胜！

作为一名公职人员，笔者多年在基层工作，耳濡目染了基层干部处理复杂矛盾问题的困境，时常感受到同人面对棘手难事的困惑，从内心深处迫切期盼为解决矛盾难题尽自己的绵薄之力。为此，笔者用心学习思考研究化解矛盾问题的规律，经过两年时间，基本完成这一课题。其中，着力进行了深层次研究探索，力争使之具有真正指导性、可操作性、接“地气”的社会价值和现实意义，希望能够为解决社会所需、时代所急助力，推动矛盾在基层、在萌芽状态化解，促进社会和谐，建设更高水平的平安中国、法治中国。在具体撰写过程中，笔者参考工具书的撰写模式，在叙写各篇目具体内容时大体按照通俗含义、如何操作实施、实施中应注意什么的逻辑顺序展开，力争将其打造成最基本也是朋友们最需要的“基础性操作系统指南”，使朋友们在遇到各方面复杂矛盾问题时，能够快速查找、搜索所需要的化解矛盾问题的方法。当然，尽管笔者做了努力，鉴于水平有限，肯定还有不足之处。今后，笔者会按照胡适先生所说的“大胆地假设、小心地求证”，进一步探索、完善和提升。

典型案例

1. “郝热心”暖意助他人 夫妻俩欣然消怨恨

郝某是某乡矛盾纠纷多元调处中心主任，平时工作很有耐心，对群众热情相见、真情相待。多年来，他使一颗颗冰冷的心、抱怨的心、烦躁的心得到抚慰，同事们送郝某一个雅号——“郝热心”。“郝热心”平常起床很早。他说，每天早晨叫醒他的不是闹钟，而是解矛盾之急、想群众所想的责任。

一天，某村孙某来到乡矛盾纠纷多元调处中心，向“郝热心”反映家庭矛盾，称妻子丁某脾气暴躁，经常为家庭琐事与自己发生口角，老骂自己没“本事”，有时还动手打人。孙某请求乡矛盾纠纷多元调处中心帮忙调解，否则只能与丁某离婚。“郝热心”当即决定到孙某家中去当“和事佬”。丁某见自己丈夫和一陌生人来到家中，顿时感到不解和疑惑。这时，“郝热心”主动和丁某说起了家长里短，聊起了丁某在外上学的孩子的事。接着，丁某就像打开了话匣子，与“郝热心”说起两口子生活中的小事，也主动说到了自己脾气不好的事。“郝热心”趁机问丁某：“你的孩子这么优秀，如果你们两口子这么闹下去、打下去，孩子怎么办？这婚姻还能维持吗?”丁某低下头咬着嘴唇不断地摇头，两行泪水顺着脸颊流了下来。善于洞察的“郝热心”确定，丁某和丈夫孙某还有感情。为了不让这个家庭破碎，他开始耐心地做两个人的思想工作：从孩子的成长需要良好的环境，谈到夫妻双方教育孩子的共同责任；从夫妻一生“百年修得同船渡、千年修得共枕眠”，谈到在人生旅途中要互相尊重、互相鼓励、琴瑟和鸣；从做人的技巧“忍一时风平浪静、退一步海阔天空”，谈到夫妻间过日子总免不了有磕磕碰碰的事，但不能经常这样，否则时间久了就会伤了感情、心灵裂痕将难以弥合。“郝热心”希望和要求他们做到“一改三容”。“一改”就是改个人性格（急脾气），得饶人处且饶人。性格决定命运。如果不能及时控制住急脾气，任其肆意发展伤害他人，不计后果，“心魔”失控爆发后的激烈情绪就如洪水猛兽，会吞噬家庭的一切美好和幸福。因此，遇事要“三思而后行”。“三容”就是容人容言容事，要有大海般的胸怀境界和待人诚恳谦虚的人生修养，做到：责人之心责己，怨人之心怨己，爱己之心爱人。两口子过日子，无论是男人还是女人，都不应该独断地以自己内心标准的“小九九”强迫对方也去“执行”自己的“小九九”，要善解人意。两口子商量事，可以讲明道理，但不能“硬要”对方“听”自己的。否则，长此以往，将形成不正常的家庭“畸形”决策，会导致难以想象的后果。最后，丁某认识到了自己的不足，孙某也感到自己这些年来对丁某的关心、呵护不够。这时，已是中午12点半了，孙某和丁某都实心实意地想留下像朋友般暖意融融的“郝热心”吃饭。“郝热心”微笑着说：“只要你们一家人过上幸福的日子，我就心满意足了。”

该家庭矛盾纠纷化解，既有“真情”的态度，又有用心的“沟通”，还有巧妙把握工作“节奏”拉家常、抓住对方性格特点分析、夫妻融洽过日子现实技巧诠释，收到很好效果。夫妻俩欣然消除了“怨恨”，重归于好。

2. 有条不紊真情化解　妥善处理事故纠纷

2014年某日，南方某山区路旁发生道路交通事故，当场四死三伤。具体情况为一辆超载拉石料的大货车从北向南超速行驶右拐弯时侧翻，满满一车石料倾倒在路旁，石料当场覆盖了路边报亭。此时报亭内有卖书报的当地人孙某和正欲买书报的六名游客，孙某和其中三名游客当场死亡，另三名游客受伤被救护车送去附近乡医院进行救治。

交通事故发生后，当事人家属多人一起来到该区矛盾纠纷多元调处中心。区矛盾纠纷多元调处中心及时向区分管领导作了汇报。区乡领导研究决定，由区矛盾纠纷多元调处中心主任王某牵头解决，充分发挥驻区矛盾纠纷多元调处中心的法院、公安、司法、国土、农业、建设、民政、市场监督等部门工作人员作用，乡矛盾纠纷多元调处中心和社区矛盾纠纷多元调处中心积极配合。王主任一边协调有关部门抽调精兵强将加快办案进度，尽快将有关违法犯罪人员绳之以法；同时发挥各方面优势，有条不紊地化解矛盾，妥善处理交通事故纠纷。

王主任等在分别了解了公安交警关于事故现场情况的通报和伤亡者家属代理人的诉求后，连夜召开专题会议进行分析研判。大家感到有两个难题：一是死亡人员的赔偿标准（农村居民死亡丧葬费等赔偿数额各个方面一般每人在 40 万元左右，城镇居民死亡丧葬费等赔偿数额各个方面一般每人在 80 万元左右，差额巨大）界定难；二是向肇事者追缴四死三伤的赔偿金（数额较大，大约为 200 万元或者 360 万元）难度大。

果不其然，第一个难题很快浮现。在区矛盾纠纷多元调处中心召开专题会议的第二天，死者、伤者有关信息基本摸清：三死三伤游客皆为农民，在农村居住生活；死者孙某是当地农村人，但其在城乡接合部区域从事卖报工作。区矛盾纠纷多元调处中心工作人员一时难以界定孙某为城镇居民还是农村居民。这时，孙某家属代表众多人员多次到区矛盾纠纷多元调处中心办公地，情绪激动，言辞激烈，强烈要求按城镇居民给予认定。而车主方却咬定对方既然是农业户口，就应该认定为农村居民。在此问题上，双方争议很大，针锋相对，互不相让。

为解决这个争议很大的问题，区矛盾纠纷多元调处中心召开专题会议讨论研究死亡人口的性质、认定的法律依据、认定的具体路径等。最后，决定成立交通事故人口性质认定专项工作小组，抽调法院、公安交警、公安户籍、司法、国土、建设等部门工作人员共 8 人，专门依法依规公开公平公正“攻坚”，彻底解决人口性质问题。该专项工作小组连夜召开会议，分析研究具体操作路径、分工及需要注意的问题等。接下来，有关人员调取了相关报亭位置的地籍资料、城镇规划图、城镇建设控制区图、有关报亭位置卫星拍摄资料等，召开会议讨论分析，最后一致认定伤亡人员应视为农村居民，按农村居民的标准计算赔偿数额。

可是，当天下午，意想不到的问题出现了，死者孙某的代理人提出：“死者孙某尽管在农村有宅基地房屋，是农业户口，但鉴于孩子上学不方便等原因，其五年多来基本一直在该区某城市居住小区内居住生活，应按照城镇居民的相关标准给予赔偿。”鉴于此事对于案情很关键，专项工作小组决定立即行动重新认定人口性质，以免造成人为不公。专项工作小组人员又分为几个调查小分队，迅速分头到孙某所在小区物业、所居住楼栋单元、所居住楼栋附近楼栋等地向有关人员进行现场实地调查取证，并将书面调查材料现场摁手印作为证据。三天后，专项工作小组依法依规依事实认定：应将孙某认定为城镇居民，按城镇居民的相关标准计算赔偿额［《最高人民法院民一庭关于经常居住地在城镇的农村居民因交通事故伤亡如何计算赔偿费用的复函》中规定，人身损害赔偿案件中，残疾赔偿金、死亡赔偿金和被扶养人生活费的计算，应当根据案件的实际情况，结合受害人住所地、经常居住地等因素，确定适用城镇居民人均可支配收入（人均消费性支出）或者农村居民人均纯收入（人均年生活消费支出）的标准］。同时，按照我国处理伤亡交通事故死亡人员“同车同命”的原则，也应该将三名死亡的游客参照城镇居民的相关标准给予赔偿。

接着，第二个难题也如期到来。若按对方负交通事故全责，四死三伤所有涉及项目赔偿数额大约为 360 万元。车险只赔付 100 万元左右，还有大约 260 万元没着落，对方车主无全部赔偿能力。有关基本情况如下：该车主为外省人，两地沟通不方便；该车挂靠在一物流公司之下，听说该物流公司刚成立一个月，就因为股东之间互相不信任而打算撤销，且听说几个股东拿走各自已经认缴的注册资金，公司账上已经没钱了；据该公司有关人员讲，该车主（男）与其妻关系不好，夫妻二人已经协议将涉事车辆交由妻子管理并由其妻子取得收益，作为赔偿主体的车主难以界定；该涉事车辆驾驶员家庭生活困难，拿出大额资金赔偿伤亡人员家属困难很大。这时伤亡者家人不够理智，多次对区矛盾纠纷多元调处中心和涉事车辆有关人员做出无礼行为。

王主任在处理过程中一直保持沉着冷静。经区矛盾纠纷多元调处中心研究，决定成立专题研究确定交通事故涉事车辆有关人员具体刑事责任、民事责任专项工作小组，在原有法院、公安交警、司法、乡工作人员基础上，再抽调公安刑警、交通运输、市场监督、民政等部门人员共 9 人进行专项“攻坚”，彻底解决刑事责任、民事责任认定问题，推动交通事故纠纷妥善解决。专项工作小组主要明确几项工作内容和原则：（1）由有关部门人员正式通知车主本人或委托代理人前来协调。（2）由有关部门人员调查物流公司资金状况和是否存在股东抽逃出资问题。[①]（3）车主的界定须有据可依。（4）根据有关责任，涉事驾驶员要做出赔偿，具体数额根据有关规定及案件具体情况确定。几天后，专项工作小组不负众望，依法依规、公开公平公正地解决了问题。这时，出现了负刑事责任和民事责任的有关人员不愿意拿出巨额资金的问题。对此，王主任咨询了驻区矛盾纠纷多元调处中心巡回法庭法官关于赔偿到位对于最终量刑的影响。同时，王主任以区矛盾纠纷多元调处中心的名义通知乡矛盾纠纷多元调处中心和社区矛盾纠纷多元调处中心负责做好与死者孙某代理人、死亡游客代理人、受伤游客代理人的沟通工作，使之充分认识到涉事驾驶员并非故意伤害某人，望给予理解。最后，经各方多次调解沟通，伤亡者家属主动降低了索赔数额，达成一致，并出具了谅解书，赔偿金迅速到位。区人民法院刑事审判庭根据有关法律规定、司法解释，对有关责任人从轻处罚。

其间，出现了没有预想到的需合力攻坚的难题。在该案协调处理过程中，由于涉及单位多、人员多、核心利益复杂等因素，处理时间较长，出现了张某家中老人生病需要陪床不能继续参加工作组、李某因上级单位检查需要回原单位工作等问题。王主任始终沉着冷静，认真做好思想政治工作和大量协调工作，将遇到的问题一一解决，确保妥善处理交通事故纠纷。

① 《公司法》第三十五条：公司成立后，股东不得抽逃出资。《最高人民法院关于适用〈中华人民共和国公司法〉若干问题的规定（三）》第十四条第二款：公司债权人请求抽逃出资的股东在抽逃出资本息范围内对公司债务不能清偿的部分承担补充赔偿责任、协助抽逃出资的其他股东、董事、高级管理人员或者实际控制人对此承担连带责任的，人民法院应予支持；抽逃出资的股东已经承担上述责任，其他债权人提出相同请求的，人民法院不予支持。

办案心得

生命不息，奋斗不止。我们要积极提升人生素养，用知识浇灌心灵，做自己心灵的主人。既要真诚敞开胸怀，拥抱希望，以阳光心态应对困境，信心满满，昂然前行；又要运用高超智慧，超然化解矛盾，以矢志不渝的斗志面对艰难险阻，百折不挠，脱颖而出。真抓才能攻坚克难，实干才能成就梦想。艰难困苦，玉汝于成。让我们只争朝夕，不负韶华，珍惜人生，唤起生命内在的热情，“撸起袖子加油干”，朝气蓬勃奔向未来！

一个人，越努力就越走运！

第二篇　信　心

导读

信心的含义

怎样增强化解矛盾的信心

信心的含义

信心，通俗地说是团队（个体）相信愿望能实现的一种心理。团队（个体）有了信心，就能产生来源于核心（内心）深处的强大力量，激发人的各种潜能。这种力量一旦产生，就会拥有毫不畏惧和勇于迎难而上的底气，以及舍我其谁、战无不胜的斗志。这就是人们常说的“信心是力量的源泉”。

有人说：“一个人从充满信心的那刻起，命运之神就已伸出无形的手在帮助他。”这里的“命运之神”，其实就是我们自己。生活中，我们有了信心，树立了自信，就有了积极心态的催化剂。思想上，就会变得乐观、进取；思维上，就会变得活跃、开放；实践上，就会变得大胆、主动。因此，只有充满信心，才能集聚起攻无不克的磅礴生命力量。这种力量如同太阳般光芒万丈为世间万物送来光和热，在我们遇到矛盾和困难时会使我们愈加精神、智慧泉涌，帮助我们积极应对，排除一切艰难险阻取得成功。

笔者的一个朋友辛某，喜欢户外运动，他讲述了前一段时间的亲身经历。一天，辛某独自来到一座还没有进行旅游开发的荒山攀登，那里山路崎岖，布满荆棘。他苦苦爬了三个多小时，山上大雾弥漫，看不到山顶，还得吃力地用被荆棘划破流血的双手拨开荆棘藤蔓。此时，脚下的路乱石横立，辛某最终选择放弃。过了几天，辛某与明某说起此事。明某说：“你经过的大量乱石出现的地方，实际上已经离山顶很近了，只需十分钟就到，并且山顶上还有很多酸枣树，上次我还摘了些酸枣回来泡制了酸枣酒呢!”几天后，辛某又去爬那座山。到了那段难走的乱石横立的路，恰巧又遇上大雾。但想到明某说的只需十分钟就到山顶，并且还有自己也想泡酒的酸枣时，辛某克服了困难很快就爬到了山顶。这就是心理学中的“贝尔效应”。这个效应的原理是：人们渴望成功，成功的愿景就会在内心形成，就会有希望，就会有信心。必胜的信心，能使我们战胜迷雾遮眼、荆棘刺手、乱石难行的各种艰难险阻，勇往直前，到达胜利的彼岸。

一个人如果缺乏信心，就会感到人生处处不如意，生活的道路上困难重重，人生航向迷茫困惑。这样的人，一旦遇上矛盾难题就会束手无策，选择绕着走、躲着走、避着走，不敢担当，更不敢主动作为。“绕躲避”，表面上看起来，好像是事情过去了，但其实对自己内心造成了伤害，每一次“绕躲避”都会越来越加重自己的不自信。长此下去，就会有莫名的怨气戾气上身，心中焦虑厌烦，困难问题就会越积越多，矛盾元素就会越叠越乱，化解难度就会越来越大，解决问题的动力就会越来越小，就会导致凡事不为成功找办法，只为失败找理由。

日常工作、学习和生活中遇到困难，感到很郁闷、焦虑、无助，有时吃不下饭、睡不着觉。为什么？其实，从根本上来说，是我们的知识不够、经验不够、智慧不够。有了知识、有了经验、有了智慧、有了思路，还有什么困难呢？俗话说：艺高人胆大。人们“艺高”了，才敢像“庖丁解牛”一样，熟悉了结构，掌握了规律，做事得心应手，灵活自如，游刃有余地稳打稳扎、步步为营，彻底攻克矛盾堡垒。由此可见，信心来自坚持不懈的学习思考、求真务实的实践探索、超越自我的精神积聚。

怎样增强化解矛盾的信心

第一，坚持不懈的学习思考。处理复杂矛盾问题，涉及的方面很多、内容很广，不仅需要了解政治、经济、法律、历史等知识，还需要知晓哲学、领导学、心理学基本常识，更需要经常学习《孙子兵法》等阐述战略战术的典籍。学习中，我们要做到：一是带着目的去学习。明确学习目标（化解矛盾）、学习内容（具体办法）、学习渠道（学习形式），以便能够让学习更具有针对性和系统性，能够顺利地领悟，较快地感受到学有所成的快乐，充盈自己的大脑，逐渐增强学习的动力和信心。比如，从事政法、司法、信访工作的朋友们，要认真学习浙江诸暨“枫桥经验”有效预防矛盾、多元化解矛盾的经验做法。二是带着矛盾问题去学习。从学习内容里找思路、找方法、找策略，有利于增强学习的实效性，能够集中精力提高学习效率。三是带着深度思考去学习。要深入思考化解矛盾的办法，把学习、思考、钻研结合起来。古代思想家教育家孔子说“学而不思则罔，思而不学则殆”①，给了我们很好的启示。明朝科学家政治家徐光启从小就思维敏捷，有着很强烈的好奇心和求知欲。他对遇到的很多社会和自然方面的问题，都要问个清清楚楚明明白白。既知其然，又知其所以然。

有一天，徐光启发现一个老棉农不断地用手掐掉自己棉田里长得很旺盛的个别棉枝，他感到很奇怪。为什么要把好好的棉花枝条掐断？于是，他就主动走上前去刨根问底，虚心向老棉农请教。事后，他还耐心地说服家人和朋友，也采用这种管理棉花的科学方法，取得了很好的收益。长大后，徐光启正是靠着这种善于学习思考的良好习惯，以及自己多年认真细心观察积累的基础资料，写出了《农政全书》这部科学巨著。

---

① 杨朝明主编：《论语诠解》，山东友谊出版社2017年版，第28页。

要虚心学习。谦虚使人进步，骄傲使人落后。谦虚虔诚，放低姿态，学习领悟就多，成长进步则大。“地低成海，人低为王。”要虚心向高人学习。高人之高在于其“不畏浮云遮望眼”，学识渊博，经验丰富，能从不同角度观察问题、研究问题、解决问题，眼界开阔，目光如炬，看得通透，想得深邃，谋划得务实。要主动结交高人，注重伴随引导高人将淋漓尽致的真知灼见和兴趣盎然的情调有机融合，为自己点拨迷津，指明方向，提升化解矛盾能力。有时候自己辛辛苦苦走百步，不如高人扶一步。生命中的高人，是能够切实改变我们认知的人。现实生活中，如果你的朋友圈高人多，必将耳濡目染大视野、妙手法、高境界，日久天长就会受其“势”影响、受其“势”鼓舞、受其“势”所趋，能够把你推向人生的“高地”。

要勤奋学习。要想成功，聪明、勤奋、机遇都很重要。这可以简单地表述为：聪明 + 勤奋 + 机遇 = 成功。聪明就是天资高，有灵性，记忆力好，思维能力强；勤奋就是珍惜时间，勤于刻苦学习和积极实践；机遇就是有利的时机和运气。聪明在很大程度上是天生的，人与人之间聪明程度不尽相同，这是一个不可否认的事实。但是，勤能补拙，勤能弥补智力上的不足，使人思维更敏捷：（1）思维具有灵动性，也就是在面临矛盾问题时，能够灵机一动快速找到有效的办法。而这种灵动性可以通过后天勤奋学习、常动脑子、深入思考不断激发大脑“活力”形成。（2）思维具有发散性，也就是同一问题能以不同的思路找出不同的解决办法。实际上，发散性思维就是指具有丰富的想象力，它是一个由此及彼、联想事物之间联系的过程。通过勤奋学习，见多识广、知识渊博，可以增强思维的发散性。（3）思维具有积极性，也就是具有强烈的好奇心和求知欲。通过勤奋学习，打开“知识窗口”，能够指引人们培养更宽广、更悠远、更美好的志趣，产生孜孜以求、勇往直前的强大内心动力。［人们持续学习思考，大脑神经细胞（也就是神经元）越来越活跃，神经突触会不断地强化，能不断激活、精进大脑“海马体区域”长时记忆的存储转换和方向定位功能，将知识井然有序、有规律地存储起来，能够高效灵活科学运转应用。正所谓：手越用越灵巧，脑越用越聪明] 机遇青睐那些不断提升自己、有准备的勤奋之人。勤奋的人，因为自身勤奋：一是提升了自己，使个人具有了适应机遇所需要的能力等必备条件；二是观察得细致，使个人可以更敏锐地捕捉到机遇；三是还可以将聪明提升为智慧，主动去创造机遇实现成功。因此，勤奋能让人变得更加聪明，勤奋能给人增加更多机遇。所以说，勤奋是成功的关键。勤奋，能帮助我们跨越一个又一个沟沟坎坎，能帮助我们战胜一个又一个艰难险阻，成就人生的光荣和梦想。

要注重深入了解对中国社会影响深远的儒学。中国的儒学发展，从春秋时期的先秦儒学、西汉的章句训诂之学、东汉的谶纬学说，到儒释道三个教派的融合，再到探究义理的宋元之学、明代心学，直至清代的考据学，已经有2500多年历史。它对人们的思想、思维、价值观等有着深刻的影响，必须引起我们的高度重视。我们要坚持实事求是地精准、科学扬弃，汲取优秀文化营养，善于取精用宏，有效推动矛盾问题的化解；剔除封建糟粕（封建等级制、男尊女卑、宿命论等），敢于为善去恶，确保公平公正科学有效地化解矛盾问题。

学习思考、内外兼修具有重要意义，可以使我们改善思维、提升技巧。一个人，通过学习思考等形成了探索事物发展变化规律的思想方法和思维模式，掌握了化解矛盾问题得心应手的娴熟技巧，将会更自信、更淡定、更有魅力！

第二，求真务实的实践探索。社会实践是一部无字大书，它蕴含着无尽的人生学问，需要人们用心去解读、揣摩和领悟。看一整天关于苹果味道的视频介绍，不如拿起一个苹果亲口尝一尝。看十本爱情小说，不如亲自谈一场恋爱体会得更深刻。因此，实践很重要。人的一生是实践的一生。一生中面临的问题，从小事到大事，从简单到复杂，都要不可避免地一一面对、逐个解决。有人说："人一生下来就是受苦的。"这里说的"受苦"，通俗地说是指面对（处理）矛盾问题时的实践。当然，所谓的"受苦"实践，关键是你怎么看待：如果是你被动地面对矛盾问题的化解实践，那你就会感到天天为难，日日有处理不完的烦心事，那么这个实践是"受苦"的；如果是你主动地推进矛盾问题的化解实践（你内心深处认为这是磨砺自己、锤炼自己、升华心性的人生机会，能使自己对生命有更深刻的领悟），付出真情，抓住关键，强力出招，你就会感到办法总比困难多，你的内心就会从烦躁郁闷的此岸到达从容喜悦的彼岸，你就会不断积累处理（调解）一个个矛盾问题的实战经验，熟能生巧，绝处逢生，所向披靡，越战越勇！那么，你就会感到这个实践是有成就感的，是快乐的、有意义的。吃得苦中苦，领悟其妙理，方为人上人。

我们的人生，小成靠朋友，大成靠“敌人”。小富小贵小成功，朋友们帮帮忙就能实现。而大富大贵大成功，得靠“敌人”。正是在“敌人”面前，人们经受磨炼，激发了潜能和斗志，最终使自身修养实现了超乎想象的突破、提升和拓展。

成功的背后蕴含着艰辛的付出，没有人能够随随便便成功。一个人只有历经“苦难”实践，筚路蓝缕，矢志不渝，坚韧不屈，迎难而上，才能磨砺出顽强的品格，净化出不朽的灵魂。就如同蚌之包容不适之沙，才能在刺激痛苦中孕育出璀璨的明珠。孔子周游列国宣扬自己的政治主张始终不得见用，困顿窘迫中修著“亦经亦史”《春秋》；司马迁在汉武帝时李陵案中遭受腐刑，在坚忍屈辱中完成了伟大史著《史记》；宋应星于明朝末年屡次参加会试不及第，没有自暴自弃，而是致力于农业和手工业生产科学考察和研究，经过多年努力，写成被誉为“中国十七世纪的工艺百科全书”《天工开物》。这昭示我们：经历了人生的严寒风霜后，更懂得热爱生活、追求美好的人，才是真正的英雄！

实践中，要做到：

事前，主动作为赢得战略主动权。主动实践和被动实践的本质不一样。古代兵圣孙子指出：“是故胜兵先胜而后求战。”① 要想取得胜利，就得主动进行各方面的运筹谋划，具备必胜的基本条件再去主动求战、主动实践。这启示我

---

① 黄大志编著：《智悟孙子兵法》，中国致公出版社 2007 年版，第 72 页。

们，要主动积极对待化解矛盾工作，尊重客观条件，发挥主观积极因素，获得化解矛盾的战略主动权，赢得胜利。这就是：方寸之间，展现担当；积极谋划，大有作为。

事中，根据出现的新情况新问题适时见机行事、调整策略、顺势而为。

事后，及时总结具有规律性的办法、无穷的“智慧”。“一回生、二回熟、三回下来当师傅”，精心“复盘”（围棋术语，也称“复局”），加深体悟，深度思考，认真总结，将实践经验逐步总结为有规律性的办法，最后取得从明白局部“知识点”（个体“办法”）到拥有能够应用在更多更为宏观的世界和微观的世界不同场景的“智慧”的新飞跃。知识只有转化为智慧，才具有更大的价值。这一点，需要我们深入思考感悟。

第三，超越自我的精神积聚。超越自我就是不断突破自身障碍，不断打破自我桎梏，不断提高自我能力，勇于迎接挑战，跨越沟沟坎坎，得以进步。人生百年，会面对无数个矛盾问题、无数次艰难挑战，这需要我们不断超越自我，一件件去认真解决。这种超越自我，是人们通过孜孜不倦地对自己高标准严要求，不断攻坚克难，才能达到的一种精神境界。在这个过程中，要不断地发现自己的优点去发扬光大，找出自己的弱点去补齐成长，并且要不断地学习他人之长，不断地以他人之短的危害性警示自己。特别是，要不断地总结提升自己化解复杂矛盾问题的技巧。技巧的不断提升，让我们在面对复杂矛盾问题时，能够使用自己练就的“火眼金睛”，通明剔透地廓清迷雾、矫正认识，发现本质、掌握规律，从而大道至简、一招制胜。而这个技巧的不断提升，与朋友们日常对矛盾化解工作的深入系统研究密不可分。成就巨匠之美，必有巨匠之心。实际上，在工作中研究，在研究中工作，把工作当作学问研究，把研究当作工作对待，是件很美好的事情。这里需要强调的是：在深入系统研究技巧过程中，马克思主义哲学能起到“望远镜”“显微镜”的作用。善于借助“望远镜”，才能看得远、看得清；善于借助“显微镜”，才能看得细、看得准。通过发挥“望远镜”“显微镜”的作用，把马克思主义哲学蕴含的深邃思想转化为认识矛盾解决矛盾的动能，真正了解真貌，抓住本质，把握规律，有底气、有信心、有决心地化解矛盾问题。这样一来，随着化解矛盾技巧的提升和自身修养的提高，就会在我们身上逐渐形成一种超越自我追求卓越的精神，长此以往就会不断积聚起来，形成无坚不摧、战无不胜的力量——永远怀着“更快、更高、更强”的信念超越自我，不惧困难，勇往直前。今天比昨天干得好，明天比今天干得还要好。为赢自己，加油！为赢未来，加油！这就是：如今栉风沐雨几十载，他日春华秋实向未来！

1955 年出生的“当代保尔”张海迪，小时候因病导致高位截瘫。在残酷的命运挑战面前，她没有沮丧，没有低头，以顽强的毅力与病魔抗争，完成了小学、初中、高中全部课程，并且自学针灸在当地为乡亲们无偿治疗。后发奋自学了英语、日语、德语及世界语，并攻读了本科和硕士研究生课程。1993 年在吉林大学哲学系通过了研究生课程考试，通过了论文答辩，被授予哲学硕士。2013 年 3 月，被英国约克大学授予荣誉博士学位。她从 1983 年开始进行文学创作，先后翻译了几十万字的英文小说，编著了《生命的追问》《轮椅上的梦》等书。2002 年，发表了长达 30 万字的长篇小说《绝顶》。张海迪不断克服自身障碍，用坚强的意志和恒心突破自我、超越自我，以几十年的不懈执着追求，谱写了壮丽辉煌的人生自强不息之歌。这种超越自我的精神力量，激励着亿万人迎难而上，发愤图强，刚毅坚卓，积极进取。

人的一生，需要两个健康成长。一个是身体的成长。一个是内心的成长。不断成长的内心，包含人的信念、精神、灵魂、感悟、心智、心性等，看不见摸不着，却有着极其重要的意义。表面上看起来身体长相差不多的双胞胎兄弟，却在多年后走出了不一样的人生轨迹，做出了差别很大的事业，其“不一样”和“差别”的根本原因在于两个人的内心成长不同。内心的成长，会有无明确规范标准的级别、段位、层次、境界等虚相。内心在见性开悟的成长过程中，需要我们把各种学习、各项实践和不断超越自我的精神积聚，作为一生坚持不懈修养修炼成长的“道场”。人的一生，在这个连绵不断、无时不在的

“道场”，会有很多烦恼、怨恨、愤怒和郁闷等备受煎熬的苦难，这是对人的内心的磨砺，这是人的内心成长的重要“食粮”。经得起考验，才能淬炼成钢成就辉煌人生。无论采取什么样的方式和途径修养修炼，都是追求人的心性的升华和灵魂的净化，最终达到对自我的超越，这是东西方文化的共同所向。古代思想家哲学家孟子说：“故天将降大任于斯人也，必先苦其心志，劳其筋骨，饿其体肤，空乏其身，行拂乱其所为，所以动心忍性，曾益其所不能。”[①] 同时，需要指出的是，人生考验不仅有苦难的考验，还有富贵的考验。有些人经不起富贵考验，在富贵面前骄傲自满、得意忘形、奢侈浪费，甚至个别人走向违法犯罪的道路。身体的成长是内心成长的基础。内心的成长，能通过其有效调节，控制人的身体行为，实现人们身心的和谐。当一个人的身体得到满足时，可以适当加码对灵魂等修养修炼的升级要求；当一个人的身体经受痛苦时，可以采用适当的方式对精神等给予恰当的慰藉。当一个人的内心精神经受痛苦时，可以适当给予身体的满足；当一个人的内心得到满足时，可以适当加码对强身健体的要求。一个人，如果能够实现健康的双成长，就能够有效减少灵与肉的斗争，就能够经常获得灵与肉的和谐、统一和完美。内心的成长，将使一个人的生命从此不同过去，并将站在新的高度上成长！因此，要不断强身健体，不断充实内心，不断超越自我，使我们在跋涉千山万水的人生旅途时心中有信念、做事有力量、成事有希望！

著名学者王国维在《人间词话》中写道：“古今之成大事者、大学问者，必经过三种境界：‘昨夜西风凋碧树。独上高楼，望尽天涯路’，此第一境也。‘衣带渐宽终不悔，为伊消得人憔悴’，此第二境也。‘众里寻他千百度，蓦然回首，那人却在，灯火阑珊处’，此第三境也。”[②] 第一境界写的是人生通往理想的道路上，风风雨雨在所难免。要有执着追求，高瞻远瞩，明确路径，生生不息，奋斗不止。第二境界写的是有了追求目标、努力方向后，要勤奋耕耘，

① （春秋）孔子等著，思履注：《图解四书五经》，北京联合出版公司2016年版，第157页。
② （清）王国维著，吴顺鸣主编：《彩图全解人间词话》，中国华侨出版社2016年版，第104页。

执着隐忍，不忘初心，持之以恒，追求梦想。第三境界写的是下实功夫，反复研究实践，必有所悟，犹如醍醐灌顶，终将豁然成功。衷心地希望朋友们在通往人生理想的道路上，“寻他千百度”，坚定前行，攻坚克难，持续提升化解矛盾问题技巧，增强化解矛盾问题信心！

典型案例

1. 拓思路　强信心　新任局长豪情万丈

最近，笔者在出差坐飞机时结识了一位新朋友郑某。旅途交流中，郑某说2016年他履新担任某市信访局局长，开始时自己觉得没有信心干好信访工作，因为对信访工作不熟悉，日常面对的群众信访大多为老大难问题，让自己很心烦。后来，自己逐渐有了信心，并越干越好了。笔者很诧异，不自觉地问：怎么回事啊？

郑某说，到岗后主动拜访了一些从事过信访工作的老领导，向他们请教做好信访工作的经验。有个老领导说，无论谁刚开始干信访工作时，都会有点紧张、有些怵、心里慌，这很正常。毕竟，群众从大老远跑来反映的矛盾问题，都是很难办的事。但你想一想：为什么每年高考期间，多数情况下都是家长急、家长慌，而学生不急、不慌呢？那是因为经过三年的高中学习，特别是高三的深入学习、系统综合提高，再加上班级的多次“模拟高考”练习，学生有了对各门课程知识深刻掌握的扎实实力和高考答题技巧。还有就是学校的高考誓师动员大会给学生充了电、加了油，学生自然是信心满满、临阵不慌。而家长却不了解这些具体情况，不知道孩子的实际情况，就感到自己心里慌。现实生活中，孩子高考家长心里慌可以理解，家长做些适当准备也可以，但不能过于心慌去过分服务。如果家长过于心慌去过分服务，就有可能影响孩子高考时的正常心理和心态。做信访工作，靠的是学习思考研究的不断深化，靠的是矛盾化解技巧的不断提升。一句话，靠的是实力。有实力，才有信心！信访问题，对于弱者它是绊脚石；对于强者它是垫脚石。有自信心的人，可以化平庸为神奇，可以将“不可能”变为“可能”。一个人有了信心，心中才会升腾起无限希望。这就需要我们每个人都建立强大的“信心发动机”。只有这样，我们才能永远充满自信、充满智慧，才能永远充满敢于向艰难困顿亮剑的斗志、睿智和力量！老领导的话深入浅出，通俗易懂，对自己启发很大。此后，自己还认真学习了习近平总书记对信访工作的相关指示。学习后，感到习近平总书记的指示为自己深刻认识信访工作本质、树立信访工作价值导向、准确把握信访工作规律、有效破解信访工作难题，指明了前进方向、提供了根本遵循，很受教育，很受鼓舞。同时，自己认真阅读了近几年该市多起信访问题化解成功的案例，结合自己从事多个领导岗位处理复杂矛盾的经验，厘清了化解信访积案应该采取的方法：

第一，明确信访积案化解工作指导原则。秉承处理信访积案中的历史遗留问题“重在纠错、不重在追责”的工作导向，切实打消现职干部“纠正过去处理意见就是彻底否定过去”的思想顾虑，对于过去存在工作瑕疵、困难救助不到位等方面“欠账”的，坚持有错必纠、有过必改、有缺必补，让群众真切地感受到公平正义，真心维护群众的合理合法权益。

第二，全方位深入了解信访积案。针对每一个积案，分别成立信访积案化解工作专班。专班人员要增强信心，分工负责，全方位客观地从不同角度了解该积案形成的来龙去脉，梳理出当事人的根本诉求和其独特的思维逻辑，通过“望闻问切”掌握矛盾问题“症结”。专班人员要高瞻远瞩，看得清，拨开云雾见晴天；要深刻洞察，看得实，细致入微察秋毫。这项工作是做好信访积案化解的基础工作，要真正从思想上重视起来，从行动上落到实处。

第三，细致研究信访积案。细致研究信访积案涉及的有关问题，结合历史和现实，运用法律法规政策，分析对于群众诉求中合理的成分怎么去解决和不合理的成分到底本质上不合理在什么地方；研究对于群众诉求中合法的方面怎么去解决和不合法的方面到底不合法在什么地方。对于群众不合理不合法的诉求，要研究与群众进行深入沟通解释的具体方式。制订完善切实可行的沟通计划，不能准备不充分就搞临时动议，从而导致现场群众情绪激化，伤了群众感情。如果情绪对立，以后就更不好处理了。沟通工作中，要切实把握“案结事了”原则，坚持以情动人、以理服人、依法解决，力求最大公约数，画出最大同心圆，实现情理法相融合，做到既解决实际问题又解决思想问题，更好地暖人心、聚民心、筑同心。

第四，下实功夫化解信访积案。以求真务实的作风化解信访积案。要善于“梳理”，精于“抽线”，力争做到大道至简——“复杂问题简单化”。要主动找准突破口，科学地拆分矛盾问题，先解决主要矛盾问题，后解决次要矛盾问题。切实把握节奏，制定解决矛盾问题的具体配档时间表，做到有条不紊，步步为营。针对信访积案个别矛盾当事人情绪善变的实际情况，注意把工作做到群众心坎上，注重搭建好“感情桥”，使群众对工作人员产生认同感、信任感。这样一来，处理矛盾问题就会得心应手，就容易化解信访积案，使信访积案当事人事结、气畅、心顺。

郑某说，他在掌握了上述化解信访积案的方法后，逐渐打破了惯性思维、依赖经验的僵化意识，从内心深处浇筑了“善良公正助人”的人格底色，有了干信访工作处理复杂矛盾不是生活包袱而是人生财富的切身体会。实干才是最质朴的方法论。做信访工作是“锻造”自己的良机，能够练耐心，增学识，积技巧，厚德性，盈人生，一旦真心真情、真正真实去做，将收获满满。

这样，郑某不但以化解信访矛盾的行动有力维护了群众合法权益，妥善化解了很多疑难信访问题，增强了群众的获得感、幸福感、安全感，密切了干群关系，而且开始在信访工作中逐渐带出一支想解信访难题、会解信访难题、真解信访难题的团结实干、豪情万丈的信访干部队伍。

2. 学方法　增信心　小调解员干劲十足

某月，某社区矛盾纠纷多元调处中心招聘了“一大一小”2 名调解员，大的是老王，小的是小何。老王 61 岁，刚从镇司法所退休。小何 23 岁，刚从大学毕业。小何到岗后，一看自己平常干的都是些很让人烦心的农村婆婆妈妈的矛盾纠纷事，就心烦意乱，没有信心干下去。

一天，60 多岁的杨奶奶在走出自己的院子时，被挡在那里的矮篱笆绊倒了，引起了一场邻里之间的矛盾纠纷。杨奶奶被绊倒后，动不了了，幸亏别人看见，将杨奶奶背回了家。到家后，杨奶奶浑身疼痛，卧床不起。杨奶奶的三个儿子很生气，认为这件事是郝某所为。接下来，杨奶奶的三个儿子没有把杨奶奶送到附近医院看病，而是抬着杨奶奶来到郝某家讨说法，要求其赔偿杨奶奶的全部损失。

老王带着小调解员小何来到村里。经了解，杨奶奶、郝某等人多年住在一个大院子里。最近，晚上经常有刺猬来大院，影响了大家生活。为此，郝某主动做了 50 厘米高的篱笆，安置在出大院的地方，以防刺猬进入。可是，没想到却绊倒了杨奶奶。郝某表示，篱笆是自己安置的没错，但自己是为大家着想，大家都受益，而杨奶奶个人绊倒与郝某无关，他没有任何责任。杨奶奶儿子表示，篱笆是郝某设置的，不找郝某找谁讨说法？要求郝某必须承担所有责任，否则就对郝某不客气。

老王听后，慢慢地与双方说道："郝某设置篱笆从其本意上来说，是做公益好事，不是只为了自己的私利，从一定意义上看杨奶奶也是受益者。因此，郝某从主观上是没有过错的。而杨奶奶正常出大院从主观上也无过错。但是，客观上由于篱笆妨碍出行、杨奶奶年龄大行动不便不小心造成绊倒受到伤害，根据公平原则，郝某应当承担部分民事责任，而杨奶奶自己也应当承担部分民事责任。同时，作为杨奶奶的儿子，发生问题后你们不是第一时间送杨奶奶去医院看病，而是靠人多势众找郝某讨说法，这是不对的。老话讲，远亲不如近邻。你们做儿子的，没有和杨奶奶住在一起，杨奶奶平时有个偶发的身体不适，郝某会主动照顾；郝某做生意顾不上孩子，会让孩子到杨奶奶家吃饭。现在出了这件事情，谁都不是故意的，要互相谅解。当务之急是送杨奶奶到医院，保证老人身体健康要紧，大家今后还是好邻居。”老王真诚温暖的话语，德治和法治结合的方法，深深打动了双方。双方握手言和，一起送杨奶奶到医院看病去了。

在整个调解结束后，小调解员小何很受教育，学到了很多在学校没有听到、没有学到的东西。后来，小何又跟着老王参加了多起农村矛盾纠纷调解工作。每次调解工作完成，小何都是晚上回到宿舍写日记、写体会，不断总结矛盾纠纷调处的方法。后来，小何也能很顺利地自行调解矛盾了，成为“调解能手”。他干好调解工作的信心越来越足了！

办案心得

信心和希望同在，奋斗和幸福相伴。人生不可能一帆风顺，时常有沉浮。无论喜还是悲、顺还是逆，都要泰然处之，失意不灰心，得意不忘形，隐忍执着，自强奋进。桃李不言，下自成蹊。心若向阳，不惧艰险。信心百倍，才能充满希望；不懈奋斗，幸福才会招手。我们要闻鸡起舞早耕耘，相信天道酬勤有志人，胜利快乐地到达“无限风光”的人生高峰。这样，才能体会到什么叫幸福，什么是来之不易；才能更加珍惜难能可贵的先苦之后的甜，不忘初心，砥砺前行，将勤奋学习、勇于实践、敢于超越自我作为我们不断锐意进取的人生哲学，如电视剧《希望的大地》中的歌曲唱的一样，“看心田破土而出的秧苗，让希望越长越高”！

若有精神在心中，岁月永不败英雄！

第三篇　沟　通

导读

- 沟通的含义
- 化解矛盾时，如何沟通效果更好
- 沟通中，需要注意什么
- 沟通中，要坚决避免的行为

沟通的含义

沟通，通俗地说是指人和人之间、人和群体之间的感情、思想、意见等互相传递和反馈的过程。这个过程不仅包含相互之间口头语言和书面语言的交流，还包含形体语言和其他的交流方式。日常工作中，沟通非常重要。“上下同欲者胜”，只有沟通到位，目标一致，赢得人心，才能达到和谐的境界，才能实现既定的计划。

工作生活中，有时会碰到这样的人：无论何时何地，总是不自觉地以自我为中心，从不为他人考虑，就像脑子指挥不了嘴巴，开口滔滔不绝，说话口无遮拦，语气太冲，让人听了不舒服，感觉有些怪怪的。说者无意，听者有心，明明伤害了别人的心，自己却意识不到。

有时，还会碰到这样的人：进行沟通交流，听他说话时，大家感到悦耳、舒服、愿意听。懂得尊重对方，诚恳待人，细心倾听，会让对方有相见恨晚的感觉。他总是知道，用怎样的得体沟通方式，使对方心悦诚服。与他一番交流沟通，逐渐地认同他，觉得交流的事有希望，可以信任他，愿意按他的观点和思路去看待问题、处理问题。这种人说话沟通交流是有温度的，处理起复杂矛盾问题往往能够使双方冰释前嫌。

所以说，沟通是为人处世顺畅和谐的艺术。这要求我们善于察言观色，做会说话的人，做说话好听的人，做能说到人心里的人，成为一个会有效沟通的人。处理（调解）矛盾问题，更需要技巧高超的、善解人意的有效沟通。因为，我们面对的大多数矛盾问题涉及的因素较复杂，有的甚至是日积月累的矛盾叠加，沟通处理起来稍有不慎，就有可能由于一句话说不到点上，而激化情绪，导致乱成一团麻，脱离正常处理（调解）轨道而造成局面失控。

化解矛盾时，如何沟通效果更好

第一，充分了解对方。

要想增强沟通的针对性和实效性，在沟通前就得尽可能多做功课，充分了解对方的性格、爱好、教育程度等基本情况，了解对方的三观和思维方式，了解对方的根本诉求和其他有关困难，从各个方面和各个渠道掌握问题的全貌和真貌。只有精准了解掌握矛盾问题中的人和事的特点、特征，才能确保后续沟通灵活高效，从而顺利实现自己的目的。

第二，研究用什么方法展开沟通。

一是认真研究如何走近对方、进入对方的心。唐代诗人杜甫写道："射人先射马，擒贼先擒王。"是指作战时要先抓住主要敌手，也比喻做事要首先抓住关键。处理（调解）矛盾问题，表面上是解决棘手问题，实际上是取得诉求当事人的认可。因此，化解矛盾问题的关键是要"得人"，而要"得人"就得先"得心"。心理学有个相悦定律，就是喜欢能够引起喜欢，情感具有相悦性。因此，要从心里喜欢当事人，有亲和力、感染力，真正关心对方，帮助对方，让对方感受到你的善意、友好和包容。这样一来，对方才会信任你，才会感觉到你能给他带来希望，才会心甘情愿地积极地按照你所引领的化解思路去主动配合解决问题。

二是积极寻找你与对方的共鸣点。要通过各种途径和形式，充分了解你与对方的共鸣点（共同爱好、兴趣）。通过与对方交流，引起共鸣，他便逐渐地向你敞开心扉。若想“黏住”对方进一步化解矛盾，发现面上的共鸣点只是初步工作，还需要把握深一层的双方共鸣点，才能进一步增加“黏性”，确保能够“黏住”对方，携手解决难度最大的核心分歧问题。

三是耐心梳理确定沟通的突破口和沟通方式。万事开头难，突破是关键。要根据对方特点和自身优势，认真选择确定沟通的突破口。注意沟通方式，适合开门见山、单刀直入的，就别拐弯抹角，直接去沟通就行；需要迂回委婉、另辟蹊径的，千万不能直来直去。要学会用当事人的语言讲述我们的道理，而不是用我们的语言讲述我们的道理。做群众工作，要像春风化雨润物细无声一样打开对方的心扉。从大处着眼，从小处入手，从生活小事开始，用心慢慢地、暖暖地、温馨地展开初步沟通和深入沟通。

第三，真诚与对方沟通。

态度要真诚。真诚，要求在矛盾当事人面前展现真心实意的我们。真诚沟通能换来当事人对我们的信任和喜爱，能使当事人在以诚相待的自由、和谐、安全的氛围中袒露自己的观点、诉求。同时，我们的真诚，会对当事人起到榜样作用。要注意三点：（1）真诚不等于实话实说，二者之间不能随便画等号，其效果千差万别。（2）真诚不是工作人员情绪和主张的随意发泄和表达。（3）真诚应该注意精度和适度。要实事求是，表达精准。对于自己不知道的、不该说的，切记不能在与当事人的交流中，以自己的臆想随口说出。一方面工作人员的“失言”可能会激化现场矛盾，另一方面会导致当事人对工作人员的信任度降低。真诚并不意味着表达得越多越好，过度真诚像过度热情一样，会让当事人受不了，影响后续沟通效果。

一是做好第一次沟通。人与人的交往，第一印象很重要。心理学中，第一印象效应也叫首因效应，它是指人与人第一次交往中留给对方的印象。这个印象在对方的大脑中形成，并且在一定时期内占据着主导地位。与矛盾问题当事人第一次见面沟通，虽然不能起到一锤定音、一次性顺利化解的决定性作用，但其影响力也不可低估。要争取第一次就能够使矛盾问题当事人有个好印象，迅速消除对立排斥情绪，拉近双方心的距离，使其产生温暖感、亲近感和信任感，进而从内心深处愿意接纳你，愿意与你作进一步的深入沟通交流。正所谓：欲晓之以理，必先动之以情。沟通时，要注意在个人仪表、沟通方式（朋友介绍、集体或单独面谈等）、沟通时间和地点等方面，都要反复斟酌分析，力争一见如故、一拍即合，使当事人在第一次沟通结束后就开始信任你、接纳你，使其从内心深处萌发对于解决自身诉求的热切希望和期待。尤其要把握好：对于阳光、明理、大气豪爽之人，要多使用“阳言”，从大处展开选择大思路大道理引导说服对方；对于隐晦、多疑、斤斤计较之人，要多使用“细语”，从小处入手选择具体小事例引导打动对方。

二是认真倾听。会说的不如会听的。要重视认真倾听，同时要切实厘清、明晰“认真倾听”和“单纯地听”二者之间的差别。单纯地听只是对对方声音进行被动感知，而认真倾听却是积极主动的行为。认真倾听既是人际交往的技巧，更是对当事人给予关怀、尊重的行为，它表达了我们对当事人的关心、诚意和理解的积极态度。这样，当事人就会在友好、轻松、信任的良好氛围中，向我们尽情地宣泄情绪，尽情地诉说他个人的核心诉求。对方的“尽情”，使我们能够迅速获取关键信息和全面信息，能够迅速进入对方的内心世界，有利于精准研判矛盾问题的本质和规律，有利于找到化解矛盾的切入点、突破口。

如何认真倾听？

（1）倾听时要专心致志。真心实意听、集中注意力听，对方才愿意和你继续交心。倾听不仅仅是用耳朵去听，更重要的是用心去了解，设身处地地去感受、感觉、感知，达到共情（心理学名词，“共情”主要是指体验他人内心世界的能力）的第一步。我们不仅要听懂当事人言语中直接表达出来的东西，还要听得出、辨得明、拿得准当事人所诉说内容背后的信息，洞察对方真正意图所在，把握矛盾问题实质，达到共情的第二步。

（2）鼓励对方先说。对方先说，有利于我们准确掌握对方内心世界中的原始基础信息和第一手诉求本意。这样一来，我们后说的针对性、实效性就会更好。

（3）引导对方深说。要有神态、动作上的交流，充分使用各种有效的肢体语言，比如用感兴趣的眼神和认同的点头等动作适时给予对方理解、肯定和鼓励，使其有莫逆于心之快。那么，他就会自然而然地产生被信任的感觉，就会放下矜持，为将其心中的想法、意见表述得更直接、更突出而深说。因此，良好的倾听，不仅仅是在听，还要积极参与、恰当反应。

（4）启发对方细说。抓住对方话语中流露出的想要表达的缘由、诉求关键词，引导对方表达得更直接、更准确、更细致。比如：A. 你刚才说重视，是怎么重视的？B. 你刚才说，对方有责任赔你钱。有责任，是什么责任？主要责任、次要责任、连带责任、监督责任？C. 你刚才说，这件事回去后要开会安排。那你打算乡、管理区、村怎么开会？我现在想听听你直接说具体怎么操作这些事情，把干货拿出来看看，咱们一块分析，共同提升工作效果。

（5）即使不赞成对方的立场，也要认真倾听。倾听要有耐心。多听口中言，方知腹中事。倾听当事人的诉说，使其进行充分的宣泄，了解其理由、思维方式。这样，有利于我们掌握引导对方转变态度和立场的第一手真实准确情况，做到如射击比赛一样精准定位靶心、一箭中的。

要坚决杜绝消极倾听：

消极、无效的倾听，主要有以下几种表现。我们要尽量避免：

（1）修炼修养不够，定力不够，随意打断对方说话。

（2）判断先于倾听，即未听诉说或只听到一部分就有成见。

（3）倾听的敏感度、辨别力不够，只听到当事人表达的表面信息，没有捕捉到当事人表达的深层次意思。说话听声，锣鼓听音。说者无意，听者有心，要用心听。

三是科学提问。提问对于我们了解矛盾问题的真实情况意义重大。通过提问，我们可以了解掌握更多、更需要和更关键的信息；我们可以向当事人求证我们从各方面听到的信息的真伪，使之得到确认或纠正；我们可以有效引导当事人谈话，使其紧紧围绕诉求；我们可以把与当事人的沟通交流有针对性地快速引向深入，接近、贴近根本诉求。

提问的技巧：

（1）引导当事人有序澄清其诉说中表达模糊、内容杂乱的地方，使当事人作进一步的表述。

（2）引导当事人将其诉求（有些是隐含或羞于直接提出的）具体化、直接化。

（3）引导当事人纠正错误观念，如以偏概全等。常见的有“男人没一个好东西”“女人都是祸水”“去闹事就给钱”等。

提问的注意事项：

（1）要紧紧围绕当事人诉求点。

（2）要注意前后转承，向当事人所问问题跳跃性不要太大。

（3）要注意细心审慎地向当事人提问敏感问题。审慎提问时，注意：A. 要把建立与当事人的信任作为铺垫。B. 把握当事人“反应”的时空维度节奏，让当事人自愿、自发、自觉徐徐地打开心扉。这样一来，对于我们高度重视的敏感问题，当事人才能够表达得更原始、更直接、更真切。

（4）要杜绝指责性、暗示性提问，保证信息准确。

四是引导产生同感。对此，笔者想表达的意思就是要善于引导矛盾当事人产生与自己同样的感觉。直白一点说，就是工作人员通过良好的态度、恰当的技巧等，能使当事人的情绪、思维、观点等产生“化学反应”，逐渐理解、认同工作人员的思维方式、观点等。心理学中，同感是共情的第三步。现实工作中，要学会收放自如，积极有效地引导矛盾当事人在思想观念等方面产生同感，产生共鸣，取得良好的沟通效果。

引导同感时，要注意以下几个方面：

（1）尊重对方。沟通时，不能将人区分为三六九等。要明白：人虽有富贵、贫穷之分，处理矛盾问题虽有主体和客体之分，但所有人的人格是平等的，都需要得到尊重。要充分尊重对方，真诚待人，这是做人应该具备的基本品格。其实，尊重和真诚不仅是一种优秀品格，更是一种人生智慧和涵养。尊重别人、真诚待人，才能赢得好感、消除猜疑、增加信任。特别是处理（调解）矛盾问题时，面对的工作对象多数是弱势群体，有时候他们内心很脆弱、很敏感，其内心深处有着强烈的被尊重的渴望。只不过他们的这种渴望需求，在特殊的诉求时期比不上自己追求利益的急迫心情表现得那么强烈、突出和明显，而是被暂时掩盖了、忽视了。而我们作为工作人员，绝对不能忽视这一点。要尊重他，真诚对待他，用爱心去包容感化他那委屈、烦恼、忧怨的心，给他送去一份温暖。

（2）微笑待人。微笑是通用的世界语，像花儿一样能给人以美丽芬芳，是人类肢体语言里最普通也是最有效的交流方式。微笑蕴含着神奇的魔力，能在友好的氛围中展现你的善意、理解、接纳、鼓励。俗话说，“伸手不打笑脸人”。沟通中，有了你的微笑，对方才会敢于、愿意接近你、亲近你，大大缩短彼此间心理距离，消除彼此间心理隔阂。微笑如淅淅沥沥春雨，随风潜入夜，润物细无声，滋润他人的心田；微笑如一缕缕阳光，照亮对方的内心，温暖对方的心灵，融化彼此间的寒冰，使人心心相拥、心心相通。如果化解矛盾时拥有更多的微笑，你的人格就会展现出特有的魅力，与当事人沟通起来就会更具亲近感、感召力。最近，笔者出差时偶遇一位优秀的领导，他不但思路清晰、重点突出、办法接地气并且好用管用，而且更突出的特点是，与人沟通交流时，他时常给予对方欣赏、友好、鼓励的微笑，许多看似沟通中的难题，他总是微笑着寥寥数语点透思路和办法，对方也都是回报以赞许的微笑，会非常高兴地接受他的意见。这种微笑中的沟通交流，是令双方心旷神怡的心灵交汇。

（3）赞美他人。这是快速高效打通对方心灵进行沟通的好方法。人有一个很重要的天性，就是从心底里期望得到他人的重视和承认，就是喜欢听赞美之词。别人关注自己、肯定自己、赞美自己，能使自己的自尊心、虚荣心、荣誉感等精神世界得到很大满足，能很快调动自己内心深处的积极性，能调动和激发自己的积极情绪，会情不自禁地感到顺耳、舒服、高兴。因此，就会不自觉地喜欢对方、愿意接近对方，感到对方很亲切、很友好、很可交，和对方的心自然而然地贴近了，彼此的良好沟通也就此开始了。因此，我们要学会恰到好处地赞美对方。

如何赞美他?

①真情赞美。赞美时，要让他觉得对他的赞美是我们发自内心真实情感的流露，而不能给他以虚假和牵强的感觉。只有发自肺腑的真诚赞美，才能增强亲近感、信任感，从而拉近双方之间的距离。

②赞美他的好。每个人都有优点和长处。如果你能静下心来研究，找到他的长处和优点、兴趣和爱好，并适时适度地从不同角度对他进行赞美，就能拉近与他的距离。这个优点要尽量具体，不能仅仅是面上的，要注意用心挖掘，这样才能增加赞美的真实性和实效性。

③间接赞美。如果由于各种原因不便于赞美现在的他，那不如称赞其他方面，如对方过去的成就，还有孩子学业优、对老人孝顺、房屋摆设好、服饰美等。对方的成就等已成事实，这种赞美与见面时间长短、交情深浅没有关系，对方心理上也比较容易接受。

④用词要恰如其分。通过赞美，让他内心愉悦，感到欣慰，让他从心里喜欢你，那么他就已经开始接受你这个人了。心灵的窗户一旦向你打开，那对方还有什么不能让你看的秘密、还有什么不能和你直接沟通交流的事情呢?

某大型集团公司新建了一座办公大楼，计划装饰装修。这时，很多装饰装修公司经理来到该企业，都被该企业老总金某不到 5 分钟就给打发走了。这些装饰装修公司经理高兴而来，失望而回。这时，一个年轻经理范某，来到集团公司。老总秘书告诉范某：“金总很忙啊，见面时间不要超过 5 分钟。”等了一会儿，范某进入金总办公室，金总只点了一下头，一句话也没说。这时，范某一抬头，看到了金总座位后墙上“宁静致远”四个楷体大字，就开始赞美这四个字的写作意境、现实启示和能够崇尚这四个字的人的人生境界。金总开始慢慢地抬起头瞪大眼睛，不断地点着头并不时与范某谈笑风生。后来，范某又与金总谈到整个公司办公大楼，各个楼层、房间的装饰装修，要分别体现出与“宁静致远”有关的文化来。见面时间超过了 2 个小时。结果，您也猜到了，范某顺利地拿到了该公司装饰装修业务。

（4）准确把握当事人的内心体验及其变化。细微之处见端倪。要善于察言观色，及时通过对方神态、语速发现其心理变化。在沟通交流中，从矛盾当事人的那些言谈举止细节变化中，管中窥豹探查所以然，深入其内心世界，准确把握其情绪、理由、思维、诉求的内心体验及其动态变化。

①从情绪方面：是否得到舒缓、领悟？是否认同我们？是否要再进一步增进感情，增加当事人对我们的信任、信赖、配合、支持的情感？

②从理由方面：是否还坚持其开始时的诉求理由？哪些理由在我们说服下已经彻底放弃？哪些错误的理由还在像抓“救命稻草”一样死死抓住不放？对于这些错误的理由，我们如何（采用什么办法）既要委婉又要必须坚决有效地打消其念头呢？

③从思维方面：研究导致其错误想法的错误思维是什么？（如：“古代的剑斩现代的人”，等等）考量使用法律法规和政策等直接指出，还是用案例故事启发教育？主动引导当事人自己擦亮眼睛去辨明。

④从诉求方面：看当事人哪些诉求还在坚持？看当事人哪些诉求已经放弃？进一步引导其放弃不合理不合法诉求的策略是什么？该当事人诉求解决后，是否会引起其他人的矛盾问题连锁反应？削弱有可能导致产生其他副作用的办法有哪些？

五是积极反馈。这里的反馈，并不是单单指给当事人最后的正式反馈答复，而是指在与矛盾当事人沟通中的互动过程。

积极反馈要求：

（1）反馈要及时。如：“听你刚才说，工伤发生时附近有监控录像，这对你是有利的，便于处理，很好。”

（2）反馈要释疑。及时将矛盾当事人所要表达的问题，简明扼要地以解释的形式回应给他，求证我们理解的准确性。

（3）反馈要提出解决矛盾的思路、路径、办法。工作人员围绕当事人需要解决的问题，依托自己多年的经验、体验、知识等，以通俗易懂的案例等有效形式，为当事人指出“一条明路”或“几条路子”（相当于给予免费咨询，这要求我们本身具有高超的法律法规政策水平），供其选择。

积极反馈时，要注意：

（1）向当事人指的“路”必须是合法的；

（2）对于当事人在交流中提出的不合法的“路”，我们要鲜明指出，说出不合法的“路”的后果危害性，让当事人自觉自愿地走向我们指的“明路”；

（3）要注意反馈前的决策。如果出现几条“路”都可以走，但很难选择或者很难拿定主意时，要以矛盾处理时的“初心”目标作为指向和依据，来选择其中的1、2、3。在迷乱、困惑中的这个选择办法，有效适用于很多拿不定主意的事或矛盾。当然，如果选1，则要注意斟酌考量未选2、3可能带来的“负面影响”，要用心谋划在事前、事中或事后做出“减震”的相应策略安排；如果选2或选3，也应该进行如上斟酌考量。

第四，及时将沟通中的对方认同形成处理（调解）矛盾问题的意见。

通过有效沟通，取得基本认同后，要迅速按照“情理法”相融合的原则，形成正式的可操作性强的意见（针对对方诉求的具体解决方案）。

司某开车参加老同学毕业20周年聚会。本来，司某不想喝酒（司某开车参加聚会，起初本意就是不想喝酒）。可是，他经不起同学们的热情相劝，就喝了些白酒。这时，同学聚会事先准备的酒喝完了，有的同学就又从宾馆拿了些酒，一醉方休。聚会结束后，同学们劝司某不要开车，司某却说这儿离自己家近，说着自己发动汽车，就走了。回家途中，不幸撞上了路边大树，经抢救无效死亡。交警认定，司某对这起交通事故负全部责任。事后，司某妻子要求宾馆、参加聚会的同学赔偿 80 万元，被大家拒绝。于是，她便到县矛盾纠纷多元调处中心寻求帮助，要求赔偿。

县矛盾纠纷多元调处中心多方研判梳理出以下要点：（1）司某是成年人，酒后驾车危险应该知道，法律法规也明确禁止这种醉驾行为。因此，司某自己要负主要责任。（2）作为共同饮酒人，同学们过分热情劝酒。相互之间应当具有互相提醒、照顾、帮助的义务。在这件事情上，同学们做得不到位。参照侵权行为的过错责任归责原则，同学们应当承担一定的民事责任，[①] 给予一定的补偿。（3）宾馆是提供公共服务的地方，一般情况下只尽到提醒义务即可。但本次同学聚会，在同学们喝完自带酒水已有个别人醉酒、有个同学曾向宾馆的餐厅经理说“司某开车来的、已经喝多了不能再上酒喝了”的情况下，宾馆餐厅经理仍然提供了两箱白酒供聚会饮用，宾馆餐厅经理没有尽到掌握、关注、照顾义务。因此，宾馆也应当与聚会同学一起承担一定的民事责任。[②] 经过多次反反复复沟通，各方基本形成一致想法，共给予司某家属 7 万元。其中，组织同学聚会的牵头人 1 万元；参加聚会的同学们 5 万元（除牵头人外 50 人，每人 1000 元）；宾馆老板给予司某家属 1 万元。

这时，县矛盾纠纷多元调处中心干部主张各方要签订一份《人民调解协议书》，许多人认为不值得。鉴于此事涉及人员较多、情况复杂，县矛盾纠纷多元调处中心干部又苦口婆心地做各方工作，最终大家都认可：签订《人民调解协议书》，并在签订后到人民法院进行司法确认（调解后签订了《人民调解协议书》，可以到当地人民法院进行司法确认，如一方不予执行，可以申请人民

---

① 《民法典》第一百七十七条：二人以上依法承担按份责任，能够确定责任大小的，各自承担相应的责任；难以确定责任大小的，平均承担责任。

② 《民法典》第一百七十六条：民事主体依照法律规定或者按照当事人约定，履行民事义务，承担民事责任。

法院强制执行)。此矛盾问题至此得以圆满解决。

第五，正式解决意见（解决方案）在进一步沟通中落地生根、开花结果。

沟通中，需要注意什么

第一，要把握好沟通节奏。认真研究主要矛盾和次要矛盾、矛盾主要方面和次要方面的各种关系，掌握其本质，一项一项、一件一件地梳理出沟通的先后顺序、时间快慢等沟通节奏，有利于矛盾问题有条不紊地化解。沟通中，要认真把握科学节奏，正确引导当事人平心静气，达到协调平衡，使之与人的心理、生理规律要求相适应，才能使当事人比较容易产生认同信任的内心意念和乐于积极配合的激情活力，才能使难题得到顺利有效解决。要善于通过潜移默化、启迪人心等沟通方式，从对方已经认可的地方逐渐地、有序地、有规律地启发开导，而不能生硬地妄想一下子打开、解开对方心中还没有被温暖融化、冷冰冰、毫不开窍的问题。要拿捏精准，理解“事缓则圆，不必急在一时”的道理。要适时适度掌握好交流说话“空当”的艺术，说话停顿一下，现场可能是瞬间寂静无声，让对方产生强烈的内心期待，这时对方的注意力会更加集中在你身上，对矛盾焦点问题沟通交流会更好。

第二，语言要有实效性。语言在沟通中占有很大分量。言不在多，达意则灵。语言的作用、效力并不在于说了多少话，关键是要恰如其分，把握分寸，能够“攻心”。话需长则长、宜短则短，以能够说得清、听得明、效果好为基本原则。我们要千方百计地鼓励对方敞开心扉，淋漓尽致地吐出心中的话和事，尤其要学会抓住对方关键词语循循善诱、步步深入，把对方的真实心愿引导出来、表达准确。人生没有什么不可逾越的鸿沟，就算“有”，大多数情况下也只是个人心理上的障碍。要想解决矛盾，就要用有实效性的语言排除障碍，打开心结。

第三，要容人容言容事。宽恕别人，就是解放自己，还心灵一份平和与宁静。化解矛盾沟通时，经常会遇见说话语无伦次、偏执、粗鲁甚至脏话连篇的人。作为工作人员，要包容他们，做到容人容言容事。这既是作为公职人员必备的基本素质，也是化解矛盾的需要。工作中，面对这样的人，我们要修身养性，沉得住气，保持头脑清醒、镇定自若，以理智、宽容、忍耐的态度，任凭风浪起，稳坐钓鱼船，不生气，不烦躁，不受其情绪影响。海纳百川、有容乃大。要“静观其演”，善于从他的“言行”中研判出他的性格、理由、观念等，给他把像画真、把脉摸准，以小见大，见微知著，把握实情。

第四，要把握沟通中拒绝的技巧。处理矛盾问题，对方有不合理不合法的诉求，不足为奇。每个人由于三观不同，特别是矛盾当事人往往站在个人立场上过于强调个人利益，有时表现得偏执、刻薄，处理（调解）起来很棘手。对此，我们必须坚持处理矛盾问题的原则和底线，不能一味迁就，关键时候必须拒绝。如果不敢拒绝，而是吞吞吐吐、含糊其词、模棱两可，就会让当事人错误地认为我们“还能给他很多实惠”而产生不切实际的幻想，反而更不利于矛盾解决。拒绝的目的是堵住不合理不合法要求，将其引导到合理合法解决问题的轨道上。那么，我们怎么能够做到既拒绝了对方，又不伤了和气、不至于谈崩了呢？这就要求我们认真研究拒绝艺术，把因为自己的拒绝给当事人造成的不快、失望甚至恼怒，控制在最小幅度内，有条不紊地推动矛盾继续化解。

如何拒绝对方？

（1）要把自己为了解决当事人诉求，怎样全力以赴去协调奔波，甚至不惜动用个人资源来争取的真实情况，向当事人说明白，使其感受到你的真诚和善意。这样，即使当事人没有达到目的，也会心存理解和感激，也会放弃过度的抱怨、恼怒、“缠人”。

（2）要把矛盾问题中涉及的“情理法”讲深讲透讲明白，对当事人动之以情、晓之以理，使其心服口服，最终以平和的心态接受拒绝，主动撤回让人为难的不合理不合法要求。

（3）拒绝当事人给其“堵路”后，要接着给当事人指出“明路”对其进行疏导。要把矛盾问题解决的建议路径、操作办法、适用的法律法规政策、注意事项等向当事人讲明白，让当事人清清楚楚地知道：这是一条充满希望、光明、可行的合情合理合法解决之路，是一条指示牌和加油站等服务设施齐全、交通秩序井然的“高速公路”。有这样的“高速公路”，谁还愿意去走小道、下道、荆棘道去“闹访”呢？

（4）要细心周到地把握好拒绝后的有关事宜，与被拒绝者建立更加真诚和谐的进一步沟通交流渠道。通过打电话或适时主动登门拜访等方式，以诚心抚慰被拒绝者的“不快”，有利于后续工作的进一步开展。这种拒绝后的再沟通，能够在一定程度上削弱陌生感和排斥感，能够化解“怨气”，能够重新“暖心”，增加愉悦感，有利于继续保持良好的合作关系，这就是“成功的拒绝”，它能为将来矛盾问题的处理（调解），播下一颗“希望的种子”。

沟通中，要坚决避免的行为

第一，随意打断对方说话，眼神迷离；

第二，用“针尖”对“麦芒”，用刻薄语言“还其人之道”；

第三，不敢认错，不敢承担责任。

典型案例

1. 乔大娘疑难事时间久远　尚市长真诚沟通解困惑

某日（领导干部公开接待日），某县级市副市长尚某到矛盾纠纷多元调处中心接待大厅接待了乔大娘（67 岁）。十多年来，乔大娘多年重复反映诉求问题，涉事时间久远。该矛盾纠纷事项，问题复杂，一直是让基层干部头疼的事。

乔大娘一见尚市长，开口就恼怒地大声说：“你这个人，欠我两万块钱，怎么还不还我钱？你还让人跟踪我！太坏了！”尚市长一听，一片茫然，怎么回事？自己从来不认识面前的这位老人，怎么会欠她钱？尚市长因昨天一件家务事没处理好心情正烦躁呢，被乔大娘这么一数落，刚想生气发火，可转念一想自己作为一名公职人员应该有“为人民服务”的情怀，不应该把个人因公或因私产生的不良情绪发泄给乔大娘，况且看乔大娘的语言和思维现状很可能有心理障碍，自己应该对乔大娘多包容多照顾。尚市长扪心自问：若自己家的老人，也像乔大娘一样无厘头地劈头盖脸说自己一顿，自己会发火吗？肯定不会，并且还会耐心地与她沟通交流！那么，自己就把乔大娘当作母亲吧。于是，尚市长又继续与乔大娘交流。交流中，尚市长不时流露出关心、同情的话语。乔大娘反映了三个问题：一是村里选宅基地时，村干部作弊，给了自己孙子不好的位置；二是自己女儿死于交通事故，要求枪毙对方司机；三是公安局长王某是交通事故对方司机的哥哥，局长袒护司机，一直没有被枪毙。尚市长又和乔大娘聊了会儿家常话，乔大娘就走了。

尚市长觉得对于乔大娘反映的问题，需要一件件去调查、一件件去沟通、一件件去解决。根据乔大娘的思想、身体状况实际，需要仔细考量：第一步，先调查一件相对单一的事情——宅基地问题，有了结果后再把调查的过程、调查的证据、调查的结果等，与乔大娘一五一十地说明白，取得乔大娘的认可和信任，建立信任“桩”。（遇到洪水决口，如果想一下子堵住决口很难，应先用长臂挖掘机的挖掘铲向流水口处用力打下长木桩，再投放一些树枝和沙袋才能堵住决水口子。因此，“桩”很重要。其实，现实生活中，思想上的信任“桩”也很重要。）乔大娘多年重复反映诉求问题，内心深处对干部有些不信任，这很正常。一个人，无论智力水平、文化程度、年龄状况如何，只要你真诚真心对他好，他是能够感觉到的。对待像乔大娘这样的重复诉求人，工作人员就应该因人而宜，打下信任“桩”，真诚地与她沟通交流（注意：不要计较对方不恰当的言辞，不要被对方不稳定的思维带偏），深入对方内心“舞动”，使其许久乏人问津的灵魂受到“触动”，感受到尊重和诚意，将其多年以来埋藏在身体内的信任“因子”循循善诱地调动起来，点亮内心的向往，使其自愿主动地按照引导的路径，有条不紊地逐个解决问题。第二步（注意这一步，要与第一步拉开适当的时间距离，使乔大娘有一个自我思考的时间），调查了解涉及公安局长的问题。第三步，调查了解交通事故问题。按照以上思路，接着展开调查处理。

经调查，乔大娘反映的宅基地问题如下：三年前，乔大娘所在村分宅基地。此次，涉及乔大娘孙子和侯某，共两户。两处宅基地，两户选择，采用抓阄解决。乔大娘孙子先抓阄，其结果地址位于村北头，靠近高速公路，有些噪声。侯某后抓阄，其结果地址位于村南部，靠近河边，位置较好。为防止事后任何一方出现不服抓阄结果情况，村“两委”通过雪亮工程视频监控系统进行了现场抓阄录像，并永久保存。尚市长利用一个星期天上午，约上市镇干部，专门带了录像机和录像片，到乔大娘家，给乔大娘放了录像，做了耐心讲解。乔大娘露出了理解的笑容，表示满意。

过了几天，尚市长查阅了《某某市史志》，没有发现本市公安局有王姓局长（自其女儿发生交通事故以来）。为进一步弄准弄实，尚市长又专门咨询了市委组织部，得到明确答复：这些年市公安局无王姓局长（也没有王姓副局长）。那么，这里也就不存在司机哥哥公安局长包庇司机不被枪毙的问题了。尚市长将这一调查过程和结果，耐心地告诉了乔大娘，乔大娘点了点头，表示认可。

针对交通事故问题，尚市长到交警队了解了具体情况：乔大娘女儿闯红灯，被外省驾驶私家车超速 20% 的袁某撞倒，当场死亡。事故发生后，袁某马上下车施救。交警认定：乔大娘女儿负事故主要责任，司机袁某负事故次要责任。人民法院判决袁某赔偿 15 万元。交警认定、法院判决后，乔大娘一家不服，不领取赔偿金（袁某已经将赔偿金交到法院指定账户），要求枪毙袁某。为此，乔大娘多年来不断到上级部门反映问题。了解到这些情况后，尚市长通过查询法律法规政策，根据《最高人民法院关于审理交通肇事刑事案件具体应用法律若干问题的解释》第二条的规定与乔大娘交流解释。乔大娘说："自古以来，杀人偿命，天经地义。我要求必须枪毙袁某。"尚市长说："当今社会是法治社会，杀人是否偿命，关键要看为什么杀人、怎么杀人，也就是要看杀人的性质，是故意还是无意？是蓄谋还是过失？是谁负主要责任？在古代，杀人是否需要偿命，也要看造成死亡的缘由和责任，而不是一味地出现了死亡就得有人偿命。"尚市长接着说："如果说交通事故撞死人，对方司机都要被枪毙的话，那谁还敢开车啊！最高人民法院有一个规定，就是交通肇事具有下列情形之一的，处三年以下有期徒刑或者拘役：（一）死亡一人或者重伤三人以上，负事故全部或者主要责任的……"尚市长看到乔大娘正瞪大眼睛看着自己，就接着说："是否需要负刑事责任，也就是判处有期徒刑或拘役，关键是看交通事故死亡一人或重伤三人以上对方是不是负事故全部或者主要责任。前几年你女儿发生的交通事故主要是由她闯红灯造成的，她负事故的主要责任，按照法律法规规定对方不会被判处有期徒刑或拘役，更不会被判处死刑。但是，这件事不是说对方什么责任也没有了，对方需要承担民事赔偿责任。这不，对方司机早就把 15 万元交到法院指定账户了。"看到乔大娘渐渐地认可了尚市长的解释后，尚市长真诚地说："您老年龄也很大了，这么多年来为此事吃不好睡不着，在九泉之下的女儿知道您这样操心也不安心啊！您还是到法院领了钱，保重好身体过日子吧！有其他困难主动和我说，权且把我当作您的一个孩子吧！"说完后，尚市长主动把自己的手机号码告诉了乔大娘。乔大娘眼里浸满泪水，说道："感谢你这么用心解释，帮我解决了多年的问题！"第二天，乔大娘到法院领取了赔偿金。从那以后，尚市长每逢过年，都提前到乔大娘家看望。乔大娘逢人便说："共产党做事，真暖心啊！"

一般来说，重复诉求问题人内心非常脆弱。工作人员要站在他的立场想问题，让他感受到真诚。沟通时要注意，当事人情绪变化的引导办法、灵魂有效触及的恰当力度、肯定和否定回答的谈话艺术、情理法融合运用的节奏等，耐心解惑释疑，才能取得好的效果。其实，无论家庭夫妻之间的矛盾，还是单位同事之间的矛盾，只要像尚市长一样，明确沟通的逻辑和技巧，用心沟通，很多矛盾问题都会得到顺利解决！

2. 老支书心怀不满暗设阻　新支书用心沟通化“怨气”

多年来，某镇某村家族势力错综复杂，群众基础较差。党员教育活动开展少，党员观念保守陈旧，队伍思想混乱。对于村庄街道基础设施落后，下雨下雪天道路泥泞导致行路难的问题，大家意见很大。该村古某在村里曾经担任多年的党支部书记（以下简称老支书）。村“两委”换届后，文某担任了该村党支部书记。老支书古某换届落选后，开始对文某怀恨在心，认为是文某背后“搞鬼”，抢了自己村党支部书记的位子。于是，古某声称要给文某“好看”，要叫文某干得“不痛快”。

文某40多岁，当过兵，在部队入党。退伍后，他搞过运输，经营过商品批发，目前自己开着一家小公司，并已经在村里担任多年的村“两委”班子成员。村“两委”换届担任村党支部书记不久，他就隐隐约约地感受到了来自老支书的“怨气”，感受到了一些不明不白的工作阻力。他想，自己是村党支部换届过程中党员光明正大选出来的，尽管以微弱优势当选，但参加选举的党员数和所得选票数都符合选举办法规定，为什么有人不服自己？为什么老支书抵触情绪和行为这么明显？这么大的阻力，自己今后怎么开展好工作？文某感到很郁闷，于是他买了些书，又从互联网上看了很多文章。当他看到“领导艺术”“换位思考”“沟通技巧”等词语时，茅塞顿开、豁然开朗。文某想，不是老支书错了，而是自己糊涂了。自己岗位变了，职务变了，角色变了，但思想觉悟却没有提高，胸怀没有开阔，境界没有提升，这怎么能行呢？“官位”是一个“哈哈镜”，既能放大自己的优点，也能放大自己的缺点，自己要“夹起尾巴做人”。要想干好事业，就必须认真研究处理复杂矛盾的方法，公平公正地处理问题；就必须注意凝聚人心，团结一切可以团结的力量。自己不被认可，是因为自己做得不够好。要换位思考，站在对方立场设身处地地考虑问题，理解老支书的失落心情。自己的胸怀要像大海一样宽广，尊重老支书，包容老支书，用真情实意温暖感化老支书。

于是，文某在一个风和日丽的日子，买了些老支书爱吃的水果，骑着自行车（老支书家里贫穷，没有汽车。文某家里有高档轿车，但考虑到老支书内心感受，所以文某没有驱车而来）来到老支书家，与老支书拉家常。他关心老支书的身体情况，了解老支书的生活困难，向老支书求教工作经验。

下雨天时，文某主动到老支书家里看雨情；遇到村里喜宴，自己与老支书碰面时就主动把老支书请到贵宾位；春节前，到老支书家里看看年货备了没有。

遇到村里重要工作，文某总是提前征求一下老支书的意见；遇到村里工作难题，文某主动向老支书请教解决之法；每年国庆节前，文某都组织老支书等党员集体视察村里的变化。

一年来，文某主动暖心、谦虚与老支书沟通交流，使老支书深为感动。古某思想大转变，精神倍增，开始带头支持党支部村委会积极做好某村党的建设、经济发展、村容村貌提升、社会管理等各项工作，逐渐成为文某在村里开展工作的“好帮手”。

办案心得

好言一句三冬暖，恶语伤人六月寒。会说话不仅是一个人的良好修养和厚德魅力，更是一个人奇迹般将矛盾问题化解于未然的妙诀。因此，要学会说话，把握交流技巧，使对方如沐春风，暖意融融，在不知不觉中非常自然地接受你。

附一：

人民调解协议书（仅供参考）

当事人：__A__，性别：_____，民族：_____，_____年_____月_____日出生，身份证号码：____________，住址：__________，电话：__________。

当事人：__B__，性别：_____，民族：_____，_____年_____月_____日出生，身份证号码：____________，住址：__________，电话：__________。

A与B因货物买卖产生矛盾纠纷。

______年______月______日—______年______月______日，B购买A货物款______元，至今B未支付给A。目前，已经超过了原定的全部付款期。付款期届满后A多次向B催要未果。经______市人民调解委员会调解员主持调解，双方自愿达成协议。本协议内容A、B双方已经全文阅读并理解无误，A、B双方完全明白一方违反本协议所产生的后果。具体协议如下：

1. B欠A共计_____元。B于_____年_____月_____日前一次性偿还A____元；B于______年______月______日前一次性偿还A____元；B于______年______月______日前一次性偿还A______元。

2. 若上述款项有一期未能按期足额支付，则视为全部到期，A有权自B违约之次日起，申请人民法院强制执行全部欠款。

3. 此纠纷一次性处理完毕，双方别无纠葛。

本协议自签订之日起生效。本协议一式三份，双方当事人、人民调解委员会各持一份。

本调解协议自双方当事人签字之日起三十日内，双方当事人可以共同向______市人民法院申请司法确认。

当事人：（签名摁手印）　　　　调解员：（签名）

当事人：（签名摁手印）　　　　书记员：（签名）

市人民调解委员会（公章）　年　月　日

附二：

市人民法院确认裁定书（仅供参考）

当事人：__A__，性别：_____，民族：_____，_____年_____月_____日出生，身份证号码：____________，住址：__________，电话：__________。

当事人：__B__，性别：_____，民族：_____，_____年_____月_____日出生，身份证号码：____________，住址：__________，电话：__________。

本院于_____年_____月_____日受理了申请人A与B关于确认调解协议的申请。本院依法指定审判员______审查此案，现已经审查完毕。

申请人A与B因货物交易产生矛盾纠纷，于_____年______月______日经______市人民调解委员会主持调解，达成如下调解协议：

1. B欠A共计______元。B于_____年_____月_____日前一次性偿还A____元；B于_____年_____月_____日前一次性偿还A____元；B于_____年_____月_____日前一次性偿还A____元。

2. 若上述款项有一期未能按期足额支付，则视为全部到期，A有权自B违约之次日起，申请人民法院强制执行全部欠款。

3. 此纠纷一次性处理完毕，双方别无纠葛。

经本院审查认为，上述协议系当事人真实意思的表示，且不违反法律的强制性规定，合法有效。依据《中华人民共和国民事诉讼法》第二百零二条之规定，裁定如下：

确认上述协议有效。

双方当事人A、B应当按照调解协议的约定自觉履行义务。一方当事人拒绝履行或者未全部履行的，对方当事人可以向人民法院申请强制执行。

本裁定书自即日起发生法律效力。

审 判 员：　　　　　　　　市人民法院（公章）

法官助理：

书 记 员：　　　　　　　　　　年　月　日

第四篇　拆　分

导读

拆分的含义

为什么要拆分

如何拆分矛盾

拆分矛盾时，需要注意什么

拆分的含义

拆分，通俗地说就是把整体事物拆开分解。日常工作生活中被拆分处理的各种问题比比皆是：（1）有一天，朋友收到一个物流快递包裹。朋友告诉我，这是通过电商购买的需要放置在自家进门处的鞋柜。因为装配完成的鞋柜体积较大、不方便物流寄递，厂家就把鞋柜拆分成多个组件，带着书面安装说明书一块寄递过来了。先由厂家拆分鞋柜，然后由购买者自己进行组装。朋友说，他经常网购这种小家具。（2）有一年，快到春节了，笔者的一个朋友夏某到某大型超市去购物。这个超市建设的年代较早，停车场在地面上且较小。夏某来得较早，就把私家车停在了相对宽敞的地方。没想到，夏某从超市出来时，停车场里私家车已经停得满满的，而且夏某的车被两旁的车靠得很近，看似根本倒不出来。夏某还有别的急事要办，很着急。正当夏某抓耳挠腮非常烦躁的时候，他忽然想起了前段时间和朋友爬山的思考体会。上山不就是把几百米甚至上千米的垂直高度，给拆分成很多的“十厘米左右”台阶，再步步攀登到山顶的吗？那自己为什么不慢慢倒车，一次一点点，十几次甚至上百次不就倒出来了，不就耽误不了自己的其他急事了吗？于是，夏某依此而行，顺利将车倒出。（3）拆分法在数学领域也经常应用。数学中的拆分法，简单地说就是把复杂数字根据需要拆分成若干简单数字，然后再进行计算的办法。这些经常用在乘法运算之中，它就是我们常用的拆分思维方式。例如，计算：$16\times12=?$，我们思维里自然地就想起用竖式乘法去计算，但身边没笔没纸，怎么办？我们不妨用拆分法，把它当成 $16\times(10+2)$，那不就得出 $160+32=192$ 了吗？

为什么要拆分

工作生活中，处理（调解）矛盾问题，常常遇到“老虎吃天不知从哪儿下口”的困窘。特别是有些矛盾问题涉及诸多因素和变量，甚至盘根错节，根本无法一下子直接解决。这里的“一下子”，其实就是指“一个手段”。“一个手段”只能解决矛盾问题中的一个事，而不可能解决矛盾问题中的所有事。这就需要我们认真地将矛盾问题拆分成几个相对简单的问题，然后有条不紊地逐一用心用力解决。掌握了拆分技巧，你就会感到原来很复杂很棘手的问题竟然如此简单！有时，昨日还沉重烦闷困惑的心，今天竟感觉如此轻松快意！

如何拆分矛盾

在下笔撰稿时，笔者感到关于“如何拆分”的语言表述，很难做到直接、直白、明了，很难一下子就让朋友们看得清清楚楚、明明白白。为此，笔者经反复考虑斟酌，决定调整思路（思路一变天地宽，豁然开朗）。本着让读者朋友们尽快了解掌握“如何具体操作”“如何进行实战”的目的，确定在“如何拆分矛盾”各段落里，分别增加现实生活中重复诉求矛盾“拆分”实战操作讲解。这样，就能使整个“如何拆分矛盾”部分的讲解，不再是干干巴巴的文字、晦涩难懂的表达，而是具有极大鲜活性、生动性、可操作性的现成“模板”。这里，我们把化解个体重复诉求矛盾拆分作为示例，将某个体诉求解决的问题称为 A 事，并将整个 A 事矛盾“拆分”过程分解。具体的 A 事矛盾“拆分”过程文字表述，放在各“拆分”步骤“理论表述”段落之后。

第一，要精心梳理出各种事。

要通过各种形式和途径，了解矛盾全貌，切实弄清到底有哪些事需要解决。就如病人到医院看病，医生会了解病人病痛的表现、翻看病人的病历。同时，一般会安排验血、验尿、做心电图甚至做核磁共振等。其目的就是全方位、多角度、深层次了解病情。化解矛盾进行拆分前，也有必要了解需要解决哪些事。

A 事：近年来，某乡某女多次到某市矛盾纠纷多元调处中心反映其女在多年前与另外二女不幸遭遇交通事故死亡，要求重新划分交通事故责任、给予巨额赔偿。为此，某市矛盾纠纷多元调处中心成立专门工作组，调度有关人员积极化解矛盾。工作组为了查清来龙去脉，主要从以下几个方面了解情况：(1) 工作组成员三人利用一个周末的时间，在会议室集中听当事人“诉苦”。当事人把近十年的事一五一十地进行了诉说。工作组成员小吴，用铅笔记了满满一个软皮本。(2) 主动联系原处理该交通事故的交警，了解当年交通事故发生情况及责任认定的事实、依据等。(3) 召开当事人所在村干部会议，了解其家庭情况、思想状况等。

第二，要将看似缠绕在一起难以化解的事合理拆分。

一是把各种“大事小情”一一罗列拆分出来，最好能形成书面材料。

二是就拆分出的事进行分类整理，比如：有的事是个别人别有目的地夸大其词、虚张声势，就将其去掉；有的事是从不同角度重复反映的同一事，将其合并，只保留真正需要调查解决的事。最后，进行归类。

三是就真正需要解决的事，认真研究、有序拆分。

(1) 认真分析哪些事是主要事，哪些事是次要事。

(2) 从难易程度上分清哪些事好解决，哪些事难解决。

(3) 从“情理法”方面分别分析研判，看看哪些事能够通过“情”来“温暖”解决，哪些事能够通过“理”来“心服”解决，哪些事能够通过

“法”来“定性定量”解决。

（4）从时间顺序上列出哪些事需要先解决，哪些事需要后解决。

（5）将上述分析的事进行分类，归并成几类。要以唯物辩证法中形式和内容、现象和本质两大范畴为指导，根据内容而不是形式、根据本质而不是现象进行分类。分类时，要像“捡豆子”一样用心耐心细心，做到有序、精准，切记不能草草了之、边界不清、大而化之。这项工作是最基础的工作，也是非常关键的工作，是能否实现“专业的人办专业的事”的决定性问题。否则，本应该归甲部门调查处理的事却划归到乙部门调查处理的“大项”或“大类”里，只会是“驴唇不对马嘴”，调查结果也会是“竹篮打水一场空”。因为，从法定权限上来说，只有甲部门才有这个职能、权利和优势进行调查处理。

（6）按照“属地管理”和“谁主管谁负责”的原则，将几类事具体分工、分解到有关部门单位（或从有关部门单位抽调人员组成工作组），并明确牵头单位和配合单位及其具体任务。

比如，前述 A 事拆分后可交由具体负责的部门单位的工作人员进一步处理：

交警工作人员调查：2 个。

刑警工作人员调查：1 个。

法院工作人员调查：1 个。

报社工作人员调查：1 个。

第三，各负其责，一一调查处理矛盾问题中的事。

要按照明确的责任分工，由专业人员发挥各自优势调查处理各个事。工作实践中，处理（调解）矛盾问题时，经常是只要化解了其中一个或部分主要事，表面看起来很难办的“剩余事”，到此时处理（调解）起来就很简单了，有些甚至不需要化解整体矛盾问题就解决了。一团乱麻线，一开始感觉很难下手“抽线”，当“抽线”到后期就会感觉麻线互相缠绕得越来越少、越来越好“抽线”了。

比如，就 A 事而言，当事人对交通事故发生后的某报社有关此事新闻报道与最后交警认定、法院判决个别说辞不一致，异议较大。对此，可详细地向当事人澄清讲明：关于交通事故的报纸文章，是当时记者根据现场的大体情况做的报纸宣传报道，不是执法部门定性定量的依据和标准，不能把宣传稿件内容和现场证据画等号。对于上述沟通，当事人表示认同。最后，根据调查结果，由有关部门在依法依纪的前提下进行调解处理。

拆分矛盾时，需要注意什么

第一，要细致观察，用“智慧”精心拆分。拆分时，要用心思考，善于敏锐捕捉有意义、有价值的信息。

古时候，有个农夫的毛驴不小心掉进一口枯井里。毛驴可怜地叫喊求救，期待主人把它救出去。农夫也很着急，毕竟毛驴既是自己家重要的财产，又是拉车拉犁干农活的帮手。于是农夫喊来了数位乡邻出谋划策，但大家确实想不出什么好办法来搭救毛驴。最后大家觉得，反正毛驴已经老了，死了就死了吧！现在，要尽快将这口枯井填满，预防今后其他人掉进去。于是，人们就拿起铁铲开始用土填井。当第一铲泥土落到枯井里时，毛驴惊恐地叫了起来——它显然明白了主人要放弃自己的意图。然而，过了一会儿，毛驴出乎意料地安静下来了。人们发现，此后，每一铲泥土落在它背上的时候，毛驴本能地做了一件事情——它用力地抖落背上的泥土，踩在脚下。这时毛驴向上站高了一点点。农夫恍然大悟，就与大家一起不断地把泥土有序地往枯井里铲，毛驴也就不停地抖落那些掉在背上的泥土使自己再升高一些。就这样毛驴慢慢地升到枯井口，在邻居惊奇和欢喜的目光中，农夫将毛驴牵回了家。

世上没有绝望的处境，只有对处境绝望的人。面对困境，绝不言弃。当农夫和邻居都想放弃毛驴向枯井铲土时，毛驴感到自己的生命受到威胁，就发出了惊恐的叫声。为了解决自己脊背上有泥土这既沉重、不舒服又不干净的问题，它不停地抖掉那些落在背上的泥土，却使自己不自觉地垫高了一些。农夫及时发现了这个问题，最终进一步地将毛驴不自觉地垫高变成了能动地用土不断帮助毛驴垫高“站位”，用智慧使毛驴走出了绝境，解决了自己的难题。毛驴掉井逃生，本质上是农夫把帮助毛驴升井几米的“大问题”，拆分成了一铁铲土垫高几毫米的若干“小问题”，细心地慢慢化解了。

第二，要深刻分析，按照辩证法的要求梳理出主要矛盾和矛盾的主要方面。注意：不要被矛盾当事人的“思维”带偏而将主要精力放在处理无关紧要的小事上。

第三，要求真务实，认真把握拆分后解决各个事的节奏。搞好科学配档，不能“眉毛胡子一把抓”，力争做到有条不紊。只有节奏和谐，才能演奏出美妙的乐章。

典型案例

1. 农村分地涉事多　合理拆分解难题

某日，西部某省某市多名群众到市矛盾纠纷多元调处中心，反映某乡某村在当前秋季分地过程中，新增人口分地标准、分地程序不公开不公平，村干部徇私情暗箱操作偏袒个别村民，群众意见很大。有个工作人员说：“要严肃处理打伤维护分地秩序机关干部的人，否则今后这村就‘没王法’了，乡机关干部也就不愿意再进村了，工作也就很难开展了。”为此，该市矛盾纠纷多元调处中心召开会议，经集思广益，深入研究，最后达成意见。建议该乡：一码归一码，将整体矛盾问题合理拆分。

（1）由分管农业、土地的乡党委政府班子成员牵头，研究新增人口分地有关法律法规政策问题，指导村党支部村委会严格按照法律法规政策公开公平公正地执行；

（2）由乡纪委书记牵头，调查群众反映的村干部徇私情暗箱操作偏袒个别村民问题，问题查实严肃处理；

（3）由乡党委分管政法的党委副书记牵头，协调公安机关调查乡机关干部被打问题，依法依规进行处理。

该乡依照上述办法，将该村矛盾问题经过科学合理的“拆分”，各司其职，积极主动地开展工作。不久，矛盾问题得到妥善化解。

2. 面对重金起争执 分层拆分解矛盾

曲某购买了一份人身意外伤害保险，受益人为其妻子王某，保险金额30万元。某日，曲某在工地工作时不幸被高空落石击中致死。曲某死后，其家属与工地老板达成调解协议，共获得死亡赔偿金80万元（含丧葬费、一次性工亡赔偿金、赡养费和扶养费，其他）。按照人身意外保险合同约定，保险公司支付了30万元保险金。上述110万元由王某保管。一年后，王某找到了新男朋友，欲携子（曲某、王某育有一子）再嫁。听说王某要再嫁，曲某父母大为恼火，要求王某将110万元全部交出，且曲某孩子不能随王某改嫁带走。为此，双方争执不断。无奈，王某到某乡矛盾纠纷多元调处中心寻求帮助。

乡矛盾纠纷多元调处中心将矛盾问题首先拆分为两类事：一类事是孩子由谁抚养；另一类事是110万元如何分。关于未成年人的抚养权，法律规定未成年人的父母是未成年人的监护人①。对于此项规定，工作人员向曲某父母进行了详细解释，获得了两位老人的认可，孩子归王某抚养照顾，两位老人可以经常去看看孙子。

接着，关于另一类事110万元的分配问题，工作人员又就保险赔付金、丧葬费、一次性工亡赔偿金、赡养费、扶养费等分配问题进行了再“拆分”：30万元保险金，归保险受益人王某；丧葬费已经花完，不用分配；一次性工亡赔偿金由曲某父亲、母亲、王某、孩子四人平均分配②；赡养费归两位老人；扶养费归孩子；归属孩子的钱由曲某父母和王某各保管一半，待孩子成年后双方直接交给孩子，由孩子本人自行管理。

---

① 《民法典》第二十七条：父母是未成年子女的监护人。

② 《民法典》第一千一百二十七条：遗产按照下列顺序继承：（一）第一顺序：配偶、子女、父母……第一千一百三十条：同一顺序继承人继承遗产的份额，一般应当均等。

其间，工作人员组织双方进行了多次沟通交流，达成一致，并签订了协议书。此矛盾问题分层次拆分思路明确，有序妥善化解，双方都表示满意。

办案心得

遇到难事脑子蒙，拆分技巧解忧愁。人生遇到的有些困难和挫折，是别人“帮不上忙的”。这时，只有靠自身迎难而上、自我拯救，方能突破困境。我们不要被矛盾吓倒，而是应当以科学的态度，将复杂的“大问题”拆分成几个简单的“小问题”，逐一解决。拆分对于成大事的人来说，是不可缺少的能力之一。面对复杂矛盾，只有会拆分善攻坚，敢于挑战困难、不惧挫折，才会在千变万化的一轮又一轮、一局又一局的艰难考验中不断突破，圆满将其化解！

第五篇 攻 坚

导读

攻坚的含义

为什么要攻坚

化解矛盾时，如何攻坚

在攻坚中，需要注意什么

攻坚的含义

攻坚，通俗地说是指攻打敌人坚固、坚硬的防御工事（如城墙、堡垒、关隘、要塞等），常常比喻解决某个任务中最艰难的问题。历史上，曾出现过各种有效的攻坚方式，值得我们借鉴和思考。春秋战国时期，鲁国能工巧匠鲁班发明制造了云梯。当时，楚惠王为了称雄进攻宋国，利用鲁班的云梯攀越高大宽厚的城墙，攻下对方的城池。明朝抗倭名将戚继光发明制造了狼筅。狼筅是戚家军专门对付倭寇的武器之一，它是在长而多节的毛竹顶端装上铁枪头，两旁枝刺用火熨烫得有直有钩，再灌入桐油敷上毒药做成“刺倭利器”。太平天国时期，太平军采用土工作业法攻打全州。太平军矿工士兵在全州城外民房处暗挖地道，通到全州城下，将大量火药置于城墙下，火药爆炸“崩塌城桓二丈余”。太平军由决口突入城内，取得全州攻坚战胜利。后太平军组建了特种部队——土营，专门负责土工作业，发挥优势攻城。现代人说的攻坚，更多的是指解决某个战略任务或重要任务中非常难的问题。

为什么要攻坚

一般来说，矛盾问题处理到了“攻坚”阶段，就是指问题的处理到了最关键、最难突破的艰难时期，也是最重要时期。“坚”在整个矛盾问题中占据着重要地位，有着十分重要的意义。如果“坚”不破，则不能实现预期目标，不能取得彻底胜利。因此，要想完胜，“坚”是绕不过去的，必须坚定不移地“攻”。

化解矛盾时，如何攻坚

第一，树立攻坚意识。在复杂矛盾面前，我们要有攻坚克难、战之必胜的勇气，坚韧执着、百折不挠的意志，绝不能遇到麻烦就躲避、遇到问题就推脱、遇到矛盾就绕行。矛盾问题中的“坚”，是躲不了、推不掉、绕不过的。一个人，倘若具有迎难而上、真抓实干的品质和能力，则面前的一座座大山就如同小石头一样，影响不了自己前进的步伐；反之，如果前天躲、昨天推、今天绕，怀有胆怯惧怕的心理意识，则小石头将如同一座座大山一样，会阻挡“恐吓”自己前进的步伐。人生在世，有多大担当才能干多大事业，尽多大责任才会有多大成就。有了攻坚意识，就要有攻坚准备、攻坚力量。就如防洪水灾害，需要有应急预案、铁丝、木料等；防大火灾害，需要有应急预案、蓄水池、消防车等；防疫情灾害，需要有应急预案、药品、器械等。那么，处理矛盾问题，也需要在化解矛盾探索实践中总结提升，形成“接地气”的有的放矢的攻坚预案和干部自身对法律法规政策的知识储备等。

第二，认真把握矛盾全貌。事物是普遍联系的。不看清矛盾问题全貌，就不足以谋细、谋深、谋透矛盾之中的“坚”。不谋全局者，不足以谋一域。我们要有“见一叶落而知天下秋”的能力，做到见微知著。要把握宏观、深入微观，细致地辨明、识透，拿准关键，看清本质，掌握规律。坚决杜绝一叶障目不见森林、只看表面不明就里的错误，避免自以为是“想当然”、靠匹夫之勇“蛮干”。

第三，聚焦分析研判“坚”的性质、特点（尤其是其短板弱点）。对于所谓的“坚”，人们经常感到坚不可摧、异常强大、不可战胜，甚至有时还有些恐惧。实际上，这是由于我们没有深入了解“坚”的性质、特点，一时为“坚”之长、之固、之锐等性质、特点所吓倒。江河万里总有源，树高千尺也有根。“坚”之性质、特点不难找，关键要用心解码破局。这里特别要深入了解“坚”之短（“致命”短板弱点，也就是“阿喀琉斯之踵”）。要想化解矛盾就得下决心解决实质性问题，其中要精于发现其短、攻其短（如矛盾诉求中“站不住脚”的所谓“事实”和错误“倚靠”的所谓“情、理、法”）。矛盾相克相生。只要我们用心探寻，在化解矛盾时总能找到针对“坚”的性质、特点的“术业有专攻”的部门、人和办法。自然科学中，原子是指化学反应不可再分的基本微粒。虽然原子在化学反应中不可分割，然而如果我们变化办法，就可以将其在物理状态中进行分割。

宋朝时，入侵中原的金兀术使用“拐子马”，让南宋民族英雄岳飞的岳家军吃尽苦头。金兀术的骑兵穿戴重铠甲，并用熟牛皮将每三匹马联结在一起，具有强大冲击力。为此岳家军反复研究，找到了“拐子马”的“坚”：一是岳家军很难刺伤穿戴重铠甲的敌人骑兵；二是岳家军很难抵挡联结在一起冲击力极大的敌人三匹马。那么，怎么破“拐子马”的“坚”呢？为此，岳家军开始用心观察并发现了“拐子马”的弱点——没有保护的马蹄和马腿。最后，岳家军用麻绳和大刀攻之，用麻绳绊马腿，用大刀砍马蹄，前马倒，后马跟着倒，乱作一团，岳家军大胜。因此，我们很有必要下实功夫下真功夫去认真寻找、发明制造、借助借用能够有效针对“坚”性质、特点的攻“坚”专门“武器”。该“武器”一到，则如庞然大物的“坚”就会不堪一击、轰然倒下，矛盾问题就会迎刃而解。

第四，制定攻坚方案。就是从“大写意”走向用笔工整精谨、敷色层层渲染、细节明彻入微的“工笔画”。这是矛盾攻坚能够有条不紊扎实推进的保障。没有整体攻坚方案，想到哪儿打到哪儿，头痛医头、脚痛医脚，就很难赢得攻

“坚”克难的全胜。方案中要切实注意：不要忽视为“攻坚”而需要创造良好环境氛围的计划措施等。如治洪，不能一味地只注重筑高堤坝（上古时代崇伯鲧治水，其筑河堤“障水”九年却难以奏效，还有可能造成“以邻为壑”），要想办法对上游客水分流、下游堵点疏通，防止洪水不可控；救火，不能一味地只倾力扑灭着火点，要迅速清理火场外围易燃物，防止火情不可控；解决新冠肺炎疫情问题，要紧紧把握病毒传染性强的特点，在调集精兵强将、集中医疗资源救治的同时，勇于担当、果断决策适时适地有序采取“封城”“封村”等措施切断传染途径，防止疫情传染扩散不可控等。那么，处理矛盾问题，也需要一个良好的环境氛围：或迅速建立对话机制，防止矛盾当事人找不到“说话”出口，而酿成其他事端，人为加大处置难度；或果断制止、切断矛盾当事人以外的“第三人”幕后操纵，涉及违法犯罪的，从严从快从重处置，防止简单问题复杂化；或加大宣传力度，迅速营造正确的法律法规政策舆论环境，避免“小道消息”干扰攻坚大局等。

第五，坚持稳准狠原则推进攻坚方案实施。稳准狠是攻坚的重要原则，也体现出一名干部的能力和修养。“稳”字当头，有条理，有秩序，步调一致合成有力。如果慌了神、乱了阵脚，就会打乱既定攻坚方针，即使再好的方案也会如同一张废纸，成功将在瞬间擦肩远去。“准”就是将既定攻坚措施精准发挥威力和作用。高手下棋，决战阶段，一子即出，后有深意。要精心精确精准推进，不能“炮弹”跑偏像“空炮”般无效果。工作中，个别矛盾问题的攻坚，要向“关键人”发力。“狠”就是攻坚要坚定不移，有力量有力度。只有这样，才能实现我们攻坚的战略目标。

在攻坚中，需要注意什么

第一，要意志坚定。攻坚时要保持战略定力，排除干扰，朝着既定目标和方向坚定不移干下去，切实做到“千磨万击还坚劲，任尔东西南北风”。攻坚时最辛苦，会流汗、流泪甚至流血，这是考验我们意志和决心的时候。古代兵圣孙子提出“厚而不能使，爱而不能令”[①]，用兵打仗不能仁慈过度，如果心慈手软、失之于宽、没有坚强的意志，就“不能使”“不能令”，就不能领兵取得胜利。攻坚时，要心无旁骛，克服心理学中的韦奇定律（即使你已经有了自己的看法，但是如果有十位朋友的看法和你相反，就很难真正做到不动摇）对我们的干扰，下定决心，精锐出战，取得全胜。解决矛盾难题攻坚时，要敏锐地当机立断，该出手时就出手。当断不断，反受其乱。采取英明、果断、睿智之举，坚决做到“快刀斩乱麻”（取得处理复杂矛盾问题的战略主动权）而“一锤定音”。否则，将会陷于极大被动。

习近平总书记指出：“温室里长不出参天大树，懈怠者干不成宏图伟业。”[②]生活中，当我们面对矛盾问题之中的“坚”时，要不懈怠不畏惧，保持清醒头脑，意志坚定，敢于斗争，勇于亮剑。这样，风雨总会过去，彩虹终将显现。

第二，要随机应变。古代思想家哲学家老子在《道德经》中指出：“祸兮，福之所倚；福兮，祸之所伏。”[③] 现实生活中发生的矛盾问题，多数是复杂多变的。攻坚时，我们要密切关注矛盾问题变化，做到举轻若重地观察思考研究，举重若轻地沉着精准应对。出现意想不到的情况很正常，但不能手忙脚乱，要迅速拿出应对的“法”。要注意细节，细节决定成败。许多时候，当事人暴露出来的看似不经意的“细节”，往往是一个人内心世界不自觉的流露。这些细节，特别是情绪、思维变化中的细节，有时恰恰是我们化解矛盾问题的切入点。因此，攻坚时不能忽视细节，否则看似忙忙碌碌，实则如张飞般“大眼瞪小眼”，难以穿针引线，将导致矛盾问题迟迟得不到解决。

第三，要善于借力借势。善于借力借势，有助于获得成功。历史上，“草船借箭”“借东风”等典故中的借物借势都取得了很好的效果。古代思想家政治家荀子说：“君子当非异也，善假于物也。”[④] “借”含义较广，可以借具体物质，也可以借精神力量。处理矛盾问题进行攻坚时，为什么也要借？因为，

---

① 黄大志编著：《智悟孙子兵法》，中国致公出版社 2007 年版，第 214 页。

② 《习近平谈治国理政》（第三卷），外文出版社 2020 年版，第 542 页。

③ （春秋）李耳著，蒋信柏编著：《道德经》，蓝天出版社 2010 年版，第 238 页。

④ 叁壹、冯蕾编著：《诸子思想解读：荀子》，陕西出版集团、太白文艺出版社 2011 年版，第 2 页。

有时单凭个别部门单位、个别工作人员的自身力量资源是很有限的，确实存在很难直接解决矛盾难题的情况。而向外借的力量、资源是无穷无尽的。这其中，关键是要拿准需要借“什么力”和借“什么势”，什么人、什么地方有这种“力”和“势”。想办法借来“专人”“专器”，发挥其特殊作用和影响。如此一来，就会出现看似坚不可摧的“堡垒”，在借来的“力”和“势”面前，所有防线瞬间瓦解，效果极佳。要用其长，扬长避短；容其短，不能苛求其全。面对矛盾难题进行攻坚做到知借、善借，用好借，则事半功倍。

第四，要争取速胜。古代兵圣孙子指出：“故兵贵胜，不贵久。”① 攻坚时，兵贵神速，正合奇胜，切忌拖拖拉拉、贻误战机。一旦时间拖长，许多矛盾因素就会发生变化。这时，对方会在我方用我之长攻其之短、攻其之弱的拖拖拉拉进程中，发现我方意图，有针对性补上短板和弱项，则我方之长因无用武之地而失效；对方甚至会反攻我方攻坚“武器”之短，导致局势发生逆转。“战”的关键是达成进攻的突然性，掌控战场主动权。写文章讲究“龙头猪肚豹尾”，开头是“龙头”，指导思想要明确，迅速切入主题；中间是“猪肚”，要尽情使用发散性思维，用心着笔、丰富内容；收尾是“豹尾”，要短小精悍有力，回归主题，这样写出的文章效果最好。矛盾问题攻坚时，既要借鉴战争攻坚的经验，同时还要参考写文章的要求，总体上要精心把握在条件成熟情况下争取速胜。

第五，要形成合力。攻坚时，主要负责人作为“主帅”必须气定神闲，指挥若定。要心静如水，才能养神、不分神，才能入神、开悟、涌慧，才能心不随流水转、意不会左右摆而深刻思考镇定抉择。一根筷子易折断，十根筷子抱成团。在一个“号令”指挥下，全体攻坚人员心往一处想，劲往一处使，形成攻坚合力。倘若攻坚需要部门发挥职能作用时，该部门却前怕狼后怕虎，怕引火烧身，不敢担当，借口种种理由不参与，导致无法依法依规定性定量；需要抽调其他部门熟悉业务的精干人员攻坚时，该部门却借口上级检查调研抽不开

① 黄大志编著：《智悟孙子兵法》，中国致公出版社2007年版，第26页。

身，今天派这个人来明天派那个人来，丈二和尚摸不着头脑，导致想用其之长却无可用“长”之人；甲部门牵头，乙部门不配合，导致合成作战中需要的“合成”却合不成等，怎么能取得成功？众人划桨开大船，要以大局为重，以事业为重，互相支持，互相配合，勠力攻坚。化解矛盾，有时需要运用“唱双簧”的技巧，即“一个唱红脸、一个唱白脸”，一个人充当友善沟通、热情相待的角色，另一个人扮演严格依法、严肃相对的角色，这样有利于当事人思想转弯。另外，化解矛盾问题过程中要注意防范“内鬼”。如果出现“内鬼”造成不利局面时，不要气馁，一是要适时严查；二是要想办法“弥补”。亡羊补牢堵“口子”，或采用其他法子消除不利影响，确保其不会影响到后期攻坚。

解放战争中的锦州攻坚战，充分体现了针对解决复杂矛盾问题的攻坚技巧：

一是科学大胆战略布局。确定攻打锦州是整个辽沈战役的关键一招，抓住了“要害”。因为只有攻下锦州，切断东北与华北的联系，才能将东北国民党军队全部包围，就地歼灭。中共中央军委和毛主席对于辽沈战役的战略决策高度重视，审时度势，多次给东北野战军司令部发出电报。其中一封电报是在东北野战军林彪犹豫不决时发出的，明确指出只有打下锦州，才能取得整个东北战场战略上的主动地位。在未发起辽沈战役前，国民党东北“剿总”参谋长赵家骧认为解放军在锦州集结兵力只不过是故作姿态，北满至南满铁路交通补给线很长，解放军不会冒险，锦州不会有问题。国民党东北“剿总”副总司令兼锦州指挥所主任范汉杰被俘后心有余悸地表示，解放军攻打锦州出乎他的意料。范汉杰认为非雄才大略之人，不敢做出如此贸然行动。所有这些，都从另一方面证明了解放军首战锦州的作战方针是完全正确的，真正打中了敌人的要害。

二是出奇制胜。为实现出奇制胜战略目标，东北野战军调兵遣将隐蔽集结，上演了“瞒天过海”之计。当蒋介石和卫立煌接到锦州告急电话时，目瞪口呆，为时已晚。

三是集中突破。通过在锦州城外挖交通壕沟逼近城墙、战士们不怕牺牲英勇作战、大炮集群轰击等，突破锦州坚固城防。东北野战军总结解放军攻打义县深挖交通壕的经验，组织战士们在锦州城外广挖交通壕，逼近城墙，使国民党军火力优势失效。

四是直击中枢要害。东北野战军龙书金十七师剥腹掏心，攻下铁路局大楼（国民党军锦州守将范汉杰指挥所），打乱了国民党军的中枢指挥系统，使其不打自乱丧失战斗力。

五是创造攻坚环境。在塔山、黑山等地顽强“打援”，有力地配合、确保了锦州城内战斗的顺利进行。各参战部队围绕战略实施，各自发扬不怕牺牲顽强阻击的优良作风，创造了良好的“攻坚”环境，形成了战斗合力。

锦州攻坚战，既通过“瞒天过海”的战略隐蔽实现了“正合奇胜”的作战目的，又“巧力”使敌人丧失了火力优势和坚固城墙优势，还快速击垮了敌人指挥机构，瓦解了国民党军组织体系，是一场指挥得当、发力精准、速战速决的完美城市攻坚战。

典型案例

1. 齐心协力攻坚　精心化解“三跨三分离”矛盾重复诉求事项

某省地级市甲市 a 县小 a 镇的矛盾解决诉求人聂某，男，1965 年出生。聂某于 2007 年 5 月在甲市 b 县小 b 镇的水泥集团公司务工期间遭受工伤。他先后赴县、市、省、北京进行治疗，然而治疗效果并不理想。起初几年，水泥集团公司为聂某垫支了十几万元医疗费，后期水泥集团公司便不再“理会”聂某了。为此，多年来聂某先后到小 a 镇、a 县、甲市矛盾纠纷多元调处中心、某省矛盾纠纷调处部门，提出 b 县水泥集团公司支付后续治疗费用及精神赔偿等 500 万元的诉求。其间，聂某自己也与 b 县水泥集团公司协商，但一直未能达成合意。此后几年，聂某四处反映问题，自己感到“很苦”，矛盾调处干部感到“很疲惫”。

聂某诉求问题，属于“三跨三分离”矛盾重复诉求事项。所谓“三跨”

是指跨地区、跨部门、跨行业。跨地区，就是一件案子涉及两个或两个以上地区，如某问题可能涉及投靠地和户籍地等。跨部门，就是一件案子涉及两个或两个以上部门。跨行业，就是一件案子涉及两个或两个以上行业。“三分离”是指人事分离、人户分离、人事户分离。人事分离，就是人和事分别属两地。人户分离，就是户籍与居住地不一致。人事户分离，就是案子发生地、户籍所在地、居住地都不在一起。“三跨三分离”矛盾重复诉求事项化解难度大，往往出现推诿扯皮、敷衍塞责的问题，拖延不决容易成为矛盾纠纷积案。多地基层干部对此非常头疼。

对于聂某矛盾重复诉求事项，甲市矛盾纠纷多元调处中心高度重视，决定限期攻坚化解，确保案结事了。

（1）及时向甲市有关领导做了专题汇报。

（2）确定由甲市矛盾纠纷多元调处中心牵头解决。

（3）决定成立甲市聂某矛盾重复诉求事项调度化解工作专班。由甲市矛盾纠纷多元调处中心副主任王某担任组长，a 县矛盾纠纷多元调处中心主任、a 县小 a 镇党委副书记和 b 县矛盾纠纷多元调处中心主任、b 县小 b 镇党委副书记担任副组长，统筹协商解决聂某矛盾纠纷积案。

（4）市专班划分工作责任：b 县属于事发地，b 县及小 b 镇干部有调度协调辖区内水泥集团公司老板张某给予积极配合的便利条件。为此，确定由 b 县作为包案单位，即主办责任单位，积极做好水泥集团公司老板张某的思想工作，教育引导张某提高认识、端正态度、主动配合化解矛盾。a 县属聂某户籍所在地、居住地，a 县及小 a 镇干部有教育引导聂某的便利条件，因此确定 a 县作为协办单位。a 县、b 县两县在化解此事中有主办责任和协办责任之分，但是在市对各县区全年矛盾问题化解考核中将此事作为同一分值分别纳入。以此推动 a 县、b 县形成工作合力。

（5）a 县成立了工作组：工作组成员有的负责与聂某沟通思想（主要是打消聂某向水泥集团公司索要高额赔偿金的错误想法），有的负责了解聂某前期治疗状况及后期治疗情况，有的负责了解聂某需要进行伤残鉴定的程序及鉴定后涉及赔偿的法律法规政策依据等。工作组成员和聂某交流说："你对处理此事有自己的特别想法，那人家水泥集团公司也有担心。如果你没有明确的法律法规政策依据要钱，水泥集团公司就给你那么多钱，这一是水泥集团公司是由多个股东创办的，许多股东提出无明确依据公司财务不能支出如此大额费用；二是如无依据支出如此大额费用，那会造成公司今后再出现其他工伤事故，其当事人也会漫天要价，公司将无法应对；三是如无依据支出如此大额费用，那你手头紧了就随时有可能再到公司要钱，并以此恶性循环。这也是这些年，水泥集团公司没有法定依据就不给你钱的真正原因。依据法律法规政策解决是正道。如不走此道，你自己硬性去要钱，恐怕再过十年八年你也不会拿到一分钱。"经过多次与聂某谈心，聂某表示认同。

（6）b 县成立了工作组：工作组成员与水泥集团公司老板张某交流思想，对张某说："每一个企业，都有维护社会和谐的责任。如果涉及职工的矛盾问题长期不解决，对公司的社会形象不好，同时也会使公司在职职工寒心，还有就是聂某不厌其烦地来公司要钱必然牵扯你作为公司老板的很多精力。依据法律法规政策解决没有副作用，是正道。"经过几次沟通，张某赞同依法解决。

（7）a 县、b 县两县联合成立伤残鉴定和赔偿专门小组：一是小组人员陪同聂某和水泥集团公司代表，赴各方都认同的外地某伤残鉴定专业机构就聂某工伤情况进行权威鉴定。经鉴定，为 6 级伤残。二是小组人员邀请各方都认可的律师，根据聂某 6 级伤残等级和聂某个人其他具体情况，认真核算赔偿数额。

（8）a 县工作组和 b 县工作组分别就专门核算的赔偿数额，先后多次分别与聂某和张某进行沟通。其间，也统筹考虑了前期治疗费用、其他涉及费用、今后公司对聂某的人道主义（非法定义务）照顾情况。双方达成一致。

（9）各方商定了赔偿金的支付方式、支付时间等。

（10）a 县工作组在征得甲市矛盾纠纷多元调处中心副主任王某、b 县工作组、聂某、张某同意的基础上，根据前期协商情况，特邀请 a 县司法局人民调解员起草了《人民调解协议书》。《人民调解协议书》起草完成后，又分别征求了各方意见。

（11）《人民调解协议书》签订后，双方到 a 县人民法院进行了司法确认。第二天，赔偿金到位。一起多年的矛盾纠纷积案圆满化解。

（12）甲市矛盾纠纷多元调处中心充分肯定了上述做法，并以信息简报的形式向全市推广了化解经验。

此次矛盾纠纷积案攻坚化解成功的经验：（1）领导重视是保障。明确责任，既各自分工，又密切配合，形成攻坚合力。（2）真情沟通是基础。动之以情，晓之以理，换位思考。（3）专业鉴定、专业核算是核心。（4）环环相扣是艺术。思路清晰，节奏科学，依法解决。

2. 一心为了孩子　合力攻坚克难

2019 年某日，某市一高中学校 200 多名学生家长，集体到某市矛盾纠纷多元调处中心反映学校临近的该市老牌制药厂排放污水、废气以及噪声等，严重影响和干扰了学生的正常学习，要求市政府关闭制药厂。为此，市分管领导高度重视，成立了由市分管领导牵头，信访、公安、教育、生态环境、应急管理等部门工作人员参加的工作专班。市分管领导提出：整个协调处理工作要“一心为了孩子”，各部门单位要树立大局意识、群众意识，积极担当，主动作为，形成工作合力，勇于攻坚，彻底解决群众反映的疑难问题，为孩子们创造良好的学习环境。

工作专班成立后，做了以下具体工作：

（1）由教育、信访部门工作人员负责与学生家长进行沟通，推选了学生家长三人代表小组，建立日常联系机制。

（2）由生态环境、应急管理部门工作人员负责对学生家长反映的制药厂污水、废气、噪声等问题进行调查，现场检测。检测时，由制药厂和学生家长各选派两名代表全程参与监督检测，确保检测结果公平公正。经检测，涉及制药厂的水、气、声音全部达标，但是确实也存在异味问题。同时，工作专班人员发现：每天到制药厂有运输业务的其他公司车辆确实存在临近学生宿舍通行噪声较大，个别时候也存在异味的问题。

（3）由公安、信访部门工作人员负责掌握社会面情况。

后期，工作专班做了如下稳妥处置：

（1）向全体学生家长通报调查结果。同时，告诉他们不予搬迁制药厂的有关政策、原因等情况，并做好认真详细政策解释工作。

（2）指导督促制药厂将厂内临近学校的生产车间，改造为制药厂办公楼，在制药厂内选择离学校较远的地点新建生产车间，最大限度地减少生产车间对学校学生的影响。

（3）将学校临近制药厂的学生教学楼（多年的危旧房）拆除，在远离制药厂的学校内其他位置建设新教学楼。

（4）对沿学校周边道路通行的大型车辆，由公安交警实行禁行，增设“电子警察”，严格执法；对沿学校周边道路通行的一般小型车辆，限速、禁鸣笛。

（5）在学校周边区域，由生态环境部门设立四处大气质量监测点，随时掌握大气环境质量，严格执法，给孩子们创造良好的学习环境。

（6）长期固定学生家长三人代表小组，教育部门确定一名工作人员，与之建立长期沟通联系机制，及时解决群众反映的问题。

经过 20 多天的积极工作，合力攻坚，群众反映的问题基本得到妥善解决。

办案心得

专之所攻，无坚不摧。卤水点豆腐，一物降一物。人生遇到难题，不要为其纷繁复杂的表象所吓倒，而是要细心寻找“专”（专人、专器），善于用“专”，积极发挥“专”的特殊威力，则“专”至而“坚”摧。

三九严寒日，时时孕育着春的生机；命运低谷时，常常孕育着新的转机。人的一生，有些路需要用自己的脚去脚踏实地地走，有些事需要用自己的“内心”去切实感受。在充满希望的攻坚路上，越走越轻快从容；在陷入绝望的阴暗路上，越走越失意凄凉。我们相信：只要齐心协力以专攻坚，充满希望矢志不渝，终将迎来春暖花开、流年灿烂！

第六篇　洞　察

导读

洞察的含义

洞察“五境界”

洞察“三重点”

怎样提高洞察矛盾能力

化解矛盾时，如何去洞察

洞察结束后，如何根据洞察的事实形成最终的处理意见

洞察的含义

洞察，通俗地说是指了解、观察、掌握得很透彻、很清楚，并能从中发现其本质和内在规律。古代思想家哲学家老子指出：“九层之台，起于累土。”[①]可见基础工作非常重要。那么，化解矛盾问题就要从基础工作开始，而洞察是化解矛盾问题的基础。只有深刻洞察，才能为有效化解矛盾问题提供精准的第一手情况。因此，洞察在化解矛盾中的重要性不言而喻。

“洞察”“观察”两个词虽然只有一字之差，但它们的含义却大相径庭。通过观察事物或问题，只能对其外貌、外表等有一个初步的感性认识，只能看到事物或问题的表象。而通过洞察事物或问题，能够透过表象精确地研究判断出深层次的本质和内在规律，能够窥探辨明蕴藏的内涵、隐藏的秘密和潜藏的

---

① （春秋）李耳著，蒋信柏编著：《道德经》，蓝天出版社2010年版，第261页。

玄机。工作、学习和生活中，往往观察多，洞察少。观察多数是一般性工作，基于学习和生活需要，而被人们提升为洞察的，大多是由于某种重要工作需要，或者是由于我们的志趣而被“积极追求的心”所驱使。绘画大师就是因为看得足够多、洞察得足够仔细，其心中才有了空间、形体、明暗、色彩等，才会用“神笔”画出美轮美奂的逼真山水油画。

洞察力强的人，能够透过表象看清本质，眼光独到，能一眼看透人心，会“读心术”，是“明白人”。这种人会察言观色，能够通过他人的一言一行看出其想法和意图，特别是能通过细小的表情和动作直达他人的内心，较快地看清把握对方的心机，稍加分析就能猜个八九不离十。这种人有审时度势的能力，能够在错综复杂的局势中辨大小、识顺逆、知取舍，能够在云谲波诡的人生中，稳操胜券，万无一失。正所谓：世事洞明皆学问，人情练达即文章。2019年1月，中央电视台播放了记者对任正非的采访。笔者认真看了几遍，而后做了详细的笔记，反复学习，细心揣摩。任正非谈到了竞争怎么解决、人才问题、今后怎么发展等。他带领华为跨越发展，走过了一段不同寻常的心路历程，具有敏锐的战略洞察力、市场洞察力和技术洞察力。土耳其的埃达尔·阿利坎（Erdal Arikan）教授提出信道极化概念后，华为公司敏锐地发现了其蕴含的优秀信道潜力，进而集中力量组织攻坚并取得成功。阿利坎教授表示，很惊讶自己相对年轻的编码理论已经发展到了今天这个水准，他将这归功于与华为的合作。

洞察“五境界”

洞察事物现象蕴含的本质、规律及前因后果等，其能力水平有“五境界”：

第一，能看见人、事物和活动等的实相，包含人、事物和活动等的大小、高低、黑白、远近等。

第二，能研究分析出人、事物和活动等背后看不见、摸不到的虚相本质、规律等。

第三，能梳理研究出人、事物和活动等产生的前因后果。

第四，根据本质、规律、前因后果等，能精心找到“驾驭”人、事物和活动等发展变化的窍门、办法、技巧等。

第五，在解决新的难题时，能将不同窍门、办法、技巧等融会贯通，从而迅速找到“推动”新难题按照特定要求去解决的一种高超“艺术”——洞察大智慧。

获得洞察大智慧的具体步骤建议：

1. 悉心掌握新难题各有关信息和有关情况。

（1）尽可能多掌握新难题的各种信息。

（2）尽可能通过有关书籍等精心掌握解决新难题的“千方百计”。

A. 多学习《习近平谈治国理政》等经典。要结合经典产生的背景进行研读，真正理解经典的深刻本意和指导意义；要下苦功夫原原本本进行研读，切身体味经典的精华和灵魂；要专心致志深入经典进行研读，切实领会经典的革命性思想和创造性思维。通过研读，把经典中的智慧，逐渐领悟、转化为自己的思想方法和思维方式，进一步全面校正自己的世界观和方法论。

B. 多看新难题涉及的专业图书和有关图书。同一个问题，看一本专业书和看十本专业书、三十本专业书效果不一样；再看一部分与新难题有关的其他图书，很可能还有新的收获。

C. 多看古代重要书籍。《易经》《道德经》《论语》《孙子兵法》《黄帝内经》等。经典的魅力，博大精深，意蕴深厚。一部传世经典，必然蕴含了某种接近“事物本质的知识”（或可称之为内在规律、技巧等），也就是某种“根源性的知识”。世间千变万化的事情，都可能与这个“根源性的知识”有关。“根源性的知识”，就像一束特殊的世间之光，不同的人甚至同一人在不同阶段不同境遇接触它，都能产生“照亮内心”的感觉。

D. 多了解不同叙说。同一个问题，互联网网评叙说，可能呈现较为“碎片”的特点，有些可能还较为“尖锐”。但是，更应该引起我们重视的是互联网网评也有很多可取之处：有的观点新颖、时尚，能帮助我们萌生新的创想；

有的观点尖锐、犀利，能使我们一针见血地发现事件的实质。看一篇评论和看十篇甚至上百篇评论效果不一样。多听取不同意见，有助于作出正确的决策。

2. 全身心进入思考的“意境”。

（1）尽可能找到相对封闭、不受打扰的环境，便于我们集中注意力进行理性思考。要想思考“神明”清晰，就得“养神”，“养神”的关键在于养心，养心的一个重要条件就是人的身体处于一个不受打扰的宁静环境。养心时，人的“内心”首先要有德。这里的“德”包含两层意思：一是处理问题的办法。平常要注意研究把握处理问题的“金钥匙”，有了处理问题的“金钥匙”，遇事时心里有“底”就不怕、不慌、不虚，则利于“神安”。二是良好的品德“爱心”。“爱心”可以成就人世间最强大的气场，可以自发生成一股无形力量，令人处事正义、友善真诚，进而迸发出无所畏惧、刚劲无比的浩然正气，则利于“神安”。

（2）放下与你当前思考的重点问题无关的事情。要学会“舍”，否则就难以聚精会神思考。排除杂念的建议：可以将影响主线思考的“杂念”简要地写下来，然后不再理会之。

（3）如果此时你的情绪还不稳定，可以采用播放能使你静心的音乐、喝喜欢的茶等方式辅助你“入定”。

（4）静心思考。

①思考中要做到：充分运用对称逻辑。对称逻辑以对称规律为基本思维规律，是思维内容与思维形式、思维主体与思维客体、科学本质与客体本质对称的逻辑。对称逻辑是辩证逻辑的高级阶段，对称逻辑是方法的逻辑，是根据对称的规律，以对称为坐标，去认识旧事物、发现新事物的方法。用对称的方式认识世界，用建构的方法把握世界。运用对称逻辑，进行思考分析研究，能使我们大开眼界、豁然开朗，能以小见大、见微知著，能使复杂问题简单化，能让我们恍然大悟、看透真相。中外历史上，通过对称逻辑，对“说谎者说慌悖论”“鳄鱼困境悖论”“外祖母悖论”进行了解悖。

下面讲的阿凡提帮人解困的故事，就是运用了对称逻辑。有一天，阿凡提看见一个饭馆老板追着一个穷汉打。穷汉向阿凡提哭诉："我坐在饭馆门口想到饭馆里边吃饭，可是我一摸口袋仅有三个铜板，不够在饭馆吃一顿饭，就坐在饭馆边吃了自己带来的干粮。我吃完刚要走，饭馆老板说我闻到了饭馆的饭菜香，就向我要三个铜板。"阿凡提一听，心中有数了。阿凡提从穷汉手里拿过三个铜板，贴近老板的耳朵使劲摇了一阵子。老板听了一会儿，说："这几个铜板就够了。"这时，阿凡提把铜板交给了穷汉，说："你走吧！"饭馆老板急了，说："你怎么不讲理呢？他还没给我钱呢？"阿凡提说："他闻了你的饭菜香味，你听了他的铜板响声，你们相互抵销，谁也不欠谁的了。"饭馆老板听后灰溜溜地走了。对称逻辑对于化解矛盾问题具体实践操作，具有重要的指导意义。

②思考时要注意：坚持"事中求"的思考脉络，通过矛盾问题目标导向引导自己的"内心"。心志要坚定突出执着，思绪要深邃宽广远大，有意识地有序地逐渐实现心志和思绪在"内心"的巧妙交汇而"悟"。坚定保障或有效促进系统内部进行计划性、有序性的量变，才会实现期待的质变。人的大脑的思维运行，也需要"计划性""有序性"。一个人如果只是心志坚定而思绪混乱或平常就是少谱无局（缺少处理问题方法和技巧的思考），很有可能出现"志大才疏"的情况。一个人，如果只是思绪清晰，但心志摇摆不定（意志不坚决、信心不足），很有可能出现"鬼心眼多而成不了大事"的结果。古代谋略家纵横家鬼谷子在《本经阴符七术》中提出的"实意法螣蛇"，① 就是这个道理。

③具体入心入脑洞察思考时要注意：a. "绘制逻辑关系图谱"。把握整体，运用各方面"识"（包括不同窍门、办法、技巧），理性思考研究新难题中的各个方面、各个信息、各个点的地位和作用，将其相互联系，在相互联系中取得创新，进行重组和改造，用心绘制出主要矛盾和次要矛盾、矛盾主要方面和次要方面、局部和全局以及局部和局部之间的相互关系的"逻辑关系图谱"。

---

① （战国）鬼谷子著，梦华主编：《鬼谷子》，吉林文史出版社2018年版，第203页。

b. “挑动侦查”。在用心“绘制逻辑关系图谱”时，有时有些情况掌握不够精准，这就需要我们如《孙子兵法》所说“作之而知动静之理”①。“作”，就是挑动；“动静之理”，就是指敌人的活动规律。意为挑动敌人，借以了解敌人活动的一般规律。化解矛盾，也要投石问路，探知虚实，掌握其内在联系和活动规律。c. “沿主矿脉掘进”。洞察思考时，要沿着主要矛盾和矛盾的主要方面去深入“探查”，就如挖金子要一直沿着主矿脉挖掘。找金子的过程会很苦很累，此时更需要技巧，必须确保始终精准地沿着金矿主矿脉掘进，否则就有可能错失挖到金子的好机会。d. “专业探查”。思考时，专业的知识“解”专业的事。e. “逆向探查”。特殊情况下，有些复杂矛盾问题，若使用常规逻辑思维去分析研究，会出现找不到明确的“线索”（常规逻辑）去支撑思维延续的情况，但是我们的大脑在特殊“场景”下却能够一下子“跳”到（百思不得其解时暂且放下。结果，答案突然却从脑中涌现出来。原来这是“灵感”。需要指出的是，“灵感”的获得离不开实践经验和知识积累。对问题有“想法”，才有可能产生“灵感”）“最后的答案”。

特殊情况下有些复杂矛盾问题发展变化，在我们的大脑中有可能出现“逻辑思维无法连续下去”的情况。这时，我们可以用“最后的答案”进行“逆向探查”（如打通铁路穿山隧道，如果从山的一边长距离掘进难度很大，则可以在通过仪器测定精确方位的基础上从山的另一边“逆向”掘进，实现铁路穿山隧道快速打通），改“顺藤摸瓜”为“摸瓜找藤”，进行“逆向”找思路“线”，也就是从“最后的答案”去“找”达到这个“答案”的逻辑，从“后期”（或称下层）到“前期”（或称上层）寻找矛盾问题的“主轴”。

在此需注意四点。一是尽可能多地产生“灵感”：a. 给大脑“投喂”足够多的“料”，也就是尽可能多收集有关的资料。大脑会用这些“料”自动地创新创造。b. 有意识地主动到你经常产生“灵感”的场景中去。日本作家津田久资在他所著的《逻辑思维本质：逆袭东京大学毕业生》书中写道：我们经常

① 黄大志编著：《智悟孙子兵法》，中国致公出版社2007年版，第119页。

会见到营销人员（marketer）说这样的话，我乘坐电车在路过表参道（地名）的时候，经常会中途下车，一个人漫无目的地走一段。往往在这个时候，关于当下要处理的消费趋势和市场发展，我总会获得额外的灵感。[①] 这个“场景”，既可以是长途车上，也可以是大草原，也可以是卧室，等等。由于每个人的个人特点和问题性质情况等各有不同，需要自己用心把握。二是要有“求”答案的“想法”。三是尽快抓住“灵感”：该“灵感”在大脑中“闪现”后，要迅速捕捉，立刻在白纸、手机等但凡能记录的地方写下来。因为，其具有“断续性”“不稳定性”的特点。如果你不去马上“抓住”，有可能“稍纵即逝”。四是做好“灵感”与所思考的现实问题的结合：将产生的“灵感”与所思考的问题，运用哲学、心理学、有关专业知识等蕴含的“智慧”去静心思考，找到解决矛盾问题的现实逻辑（思路），等等。“绘制逻辑关系图谱”“挑动侦查”“沿主矿脉掘进”“专业探查”“逆向探查”等，既可以单独使用，也可以灵活交叉使用。“绘制逻辑关系图谱”“挑动侦查”“沿主矿脉掘进”“专业探查”“逆向探查”等结束后，一般来讲，你将会获得处理新难题的好办法。如果特殊情形下，还没有“得到”好办法，请你再进一步认真地来一次或几次新的“循环往复”（或“扩展创意”），则会感到豁然开朗。

3. 获得洞察大智慧。

将上述步骤中的各个实相去除，也就是“脱相”，然后效法“五龙”（古代指青龙、赤龙、黄龙、白龙、黑龙，能够进行百般巧妙变化）展开活灵活现的形散而神不散的无穷变化，即将“脱相”后的“真理”进行灵活自如的融会贯通。有时，需要“拓展”思考“意念”的宽度，从局部到全局；有时，需要“拉长”思考“意念”的长度，从历史到现实再到未来；有时，需要“推进”思考“意念”的深度，从表里到深邃；有时，需要“拓展”“拉长”“推进”相互灵动交互融合，你终将获得（“悟得”）解决新难题的洞察大智慧。洞察大智慧，具有穿透力极强的无穷奥妙，可以穿越不同时空，融合探索

---

① ［日］津田久资著，赵海涛、黄虎清译：《逻辑思维本质：逆袭东京大学毕业生》，北京时代华文书局2017年版，第134页。

不同矛盾问题，洞察事物本质特征、规律性联系、发展变化趋向和推动发展变化之道。

洞察“三重点”

第一，规律。规律是指我们生活的这个自然界和社会多种现象之间必然、本质、稳定和反复出现的关系。我们生存的这个大千世界，各种事物和现象千差万别、五彩斑斓，它们都有各自互不相同的规律。通过深刻洞察找到规律，顺应规律，按规律办事，就能实事求是，使我们能够和肉眼看不到的一种无形的强大力量同行。

第二，人性。人性是指人普遍所具有的心理属性。这里的人性，主要是指一个人日常所表现出的情感和理智，包括对善恶的选择等。通过深刻洞察个体的特点，尊重其人性，按其特点与之“互动”，就能够与之融洽相处。

第三，变化了的规律（新规律）和变化了的人性（新人性）。《周易》中的一个重要精神就是：变是唯一的不变。也就是说，世界上唯一不变的就是变化本身。我们所认识的规律，从一定意义上来说，其仅仅是某一时间或某一地域等特定条件下所获取的一种被人类所共同认可的“关系”。出现“规律”难以把握运用的情况，常常有几种原因：一是“规律”本身内部有关“元素”发生变化而没有被我们发现或轻视，从而导致我们感觉原来那“规律”所指导运用之法“不管用”了。二是如果原先获得的“规律”其所处的特定外部条件等发生变化，也会导致我们感觉原来那“规律”所指导运用之法“不管用”了。因此，变是永恒不变的规律，世界上没有永恒不变的东西。

就一个人的人性来说，它也不是一成不变的。一个坏人有时也有好的本性显现；一个好人有时也可能有坏的念头出现。影响人性变化的因素有很多，比如吸引力度大小、约束力度大小、所处环境的变化、自身善恶认知等价值观的变化等。

事情中蕴藏的规律，经过认真观察分析研判，不难掌握；所涉及之人的人性特点，经过广泛了解认真体悟，不难得知。困难的是，去察明规律中看似“无所谓”的“元素”已经发生变化，去深刻地把握原规律“生成”的特定外部条件已经发生变化，去敏锐地觉察相关方面对于一个人的人性特点产生较大影响的情况已经发生变化。最为困难的是，参透动态发展变化的“新规律”和“新人性”，理性深彻、冥思静心“悟得”推动矛盾问题解决的新办法、新技巧和新路子。

一天，镇矛盾纠纷多元调处中心主任高某接待了甲村岳某。岳某反映：20多年来，在他家院子东南角墙外60厘米处，有本村缪某（在离岳某房屋900多米远的院子居住）种的2棵30多年的老枣树，树枝伸进了岳某家院子。岳某认为老枣树对自己影响很大：一是枣树枝伸进了自家院子内，影响院子采光，且枣树叶子上生长的“刺蛾”掉下来经常蛰着人。二是枣树离岳某家院墙很近，坏人有可能顺着枣树爬上去，然后从高处跳到岳某院里偷东西。三是在每年秋后枣子成熟时，经常有人爬到树上摘枣，而岳某家厕所就在院子东南角墙内，“摘枣人”可能窥视岳某家人“隐私”。为此，岳某强烈要求缪某把老枣树砍掉，但缪某对此置之不理，双方经常为此事发生口角。岳某很是烦恼，多次到各部门反映，但始终未果。岳某听说镇上成立了矛盾纠纷多元调处中心，就来反映诉求。

第二天，高主任来到甲村，找到党支部书记村委会主任郑某。今年春天，郑某在村“两委”换届中当选为党支部书记村委会主任（多年来，该村党支部书记、村委会主任2人不团结，一直是落后村）。郑某工作有主见有魄力。高主任见到郑某时，他正在召开村党员和群众代表大会，部署评选“十星级文明户”活动。会议结束后，高主任与郑某进行了沟通。郑某表示自己听说过这事，但多年矛盾很难调解。这时，郑某想起一件事说：“前段时间，缪某女儿小缪上班途中受伤到医院救治。正好被在该医院工作的岳某儿子小岳在医院走廊碰见了，小岳给予小缪长时间无微不至的照顾。不知道这事对化解矛盾有无意义？”高主任一听郑某说小岳照顾小缪的事就高兴地说：“这事有门了。”

郑某请缪某来到村小会议室。高主任对缪某说：“你与岳某涉及老枣树的事，咱们今天商量商量怎么解决。”缪某生气地说：“种枣树的地方，是我爷爷的爷爷辈上传下来的，那2棵枣树是我爸爸活着的时候种的，那时我还小呢！现在，我每年还能摘很多枣。岳某想砍掉我的老枣树，没门！”高主任心平气和地说：“你那2棵老枣树的地方，土地权属为村集体。”郑某一听，说：“对呀！村集体没有包给你经营，也不是你的宅基地，你无权在集体的土地上植树收益。”这时，缪某急了，说：“这可是我的前辈弄的地种的树，你们得承认这习惯。”高主任说：“尊重习惯，这理念我们有。但是，当习惯和法律发生矛盾、发生冲突时，应当以法律为准绳。这些年，你利用在村集体土地上的2棵枣树获得收益（枣树成材、卖枣得钱），村集体没有找你谈损害集体利益的事，并不代表你就是合法的！”高主任继续说：“这个问题的出现，一是大家都觉得老百姓有点收入不容易，能照顾就尽量照顾吧！再一个毋庸讳言就是你们村这些年‘两委’班子不团结，没有人愿意站出来维护集体利益。”喝了一口水，高主任继续说：“刚才是从集体方面来看这件事情。那么，从岳某方面来看，如果岳某到县人民法院告你：（1）老枣树上掉下来的‘刺蛾’蜇人，有可能造成人身伤害；（2）他人借老枣树攀爬进入岳某院子，有可能造成财产损失；（3）他人爬到树上摘枣，有可能侵犯隐私权。县人民法院会依据《民法典》①，要求你消除安全隐患，对你做出承担民事责任的判决②。一旦县人民法院依法判决要求你消除安全隐患，你的老枣树还能存在吗？你若不执行，县人民法院将强制执行。那你面子上好看吗？”

听到这里，缪某低下了头。高主任接着说：“咱们村现在正在开展‘十星级文明户’评选活动，你与岳某老枣树的事不解决，那么‘十星’里边涉及邻里团结的‘团结星’，你家就得不到。别人家大门口挂着‘十星级文明户’光

---

① 《民法典》第二百八十八条：不动产的相邻权利人应当按照有利生产、方便生活、团结互助、公平合理的原则，正确处理相邻关系。第一千零三十三条：除法律另有规定或者权利人明确同意外，任何组织或者个人不得实施下列行为：……（二）进入、拍摄、窥视他人的住宅、宾馆房间等私密空间；（三）拍摄、窥视、窃听、公开他人的私密活动；（四）拍摄、窥视他人身体的私密部位……（六）以其他方式侵害他人的隐私权。

② 《民法典》第一百七十九条：承担民事责任的方式主要有：（一）停止侵害；（二）排除妨碍；（三）消除危险……（十一）赔礼道歉……

荣牌，而你家缺颗‘团结星’，这好看吗?”高主任微微一笑说：“我还听说人家小岳帮咱小缪的事。咱这些大人，是不是该向年轻人学习互帮互助啊?”听到这里，缪某深受感动，第二天一大早就把老枣树砍了。

上述过程中郑某“有主见有魄力”，使原先村内事务“无人管”的特定外部环境悄然发生变化。偶然的“小岳照顾小缪”，使双方当事人中重要一方的冰冷内心获得温暖而产生变化。“十星级文明户”评选活动，有效地“催化”了缪某人性中向善向美向好变化。高主任在明理释法调解过程中，敏锐地抓住了发展变化的规律和人性的变化，促进了多年矛盾彻底解决。

怎样提高洞察矛盾能力

第一，通过学习和实践积累必要的知识。没有必要的知识储备，就无法透过现象看本质、无法深邃思考、无法深入洞察，只能看到矛盾问题的表象。要通过各种有效形式和途径，进行深度学习，丰富学习内容，提升知识结构，做学识渊博、思想涌动的人。要胆大心细地进行多领域、多专业知识学习“碰撞”，在解决复杂矛盾问题时能产生思想的“火花”。这样一来，我们洞察社会和人生的能力才能得到极大提高。唐朝诗人杜甫写道：读书破万卷，下笔如有神。它启示我们只有多读书、读透书，做到博览群书、融会贯通，才能写起文章来如“有神”般得心应手。这个“得心”，就是通过“博学”见多识广，能迅速地看明白、洞察透、运用好。要积极读“好书”。这些“好书”，跨越了时间和空间，是有心人精心思考写成，从一定意义上说是读者挑剔的结果、历史精华的沉淀。潜心读一本经典好书，就像和一个高尚的人交谈，能感悟正义善良的传统美德和生生不息的生命真谛，能获取圣人先贤的真理智慧，能升华处世技巧的内心认知。

要注重学习哲学，提高个人的哲学素养，提升洞察力。哲学作为一门学问和艺术，是思想的升华。它来源于生活，高于生活，还能有效地指导生活。通过学习哲学，能教会我们看待问题的正确思维方法，有利于深刻洞察社会。许多哲学观点能“一语惊醒梦中人”，能引起我们对矛盾问题进行系统深刻的思考，能使我们在理性层次上明明白白地活着、明明白白地干着。著名哲学家教育家冯友兰所著的《中国哲学简史》，对于系统了解中国哲学发展史，了解中国传统文化发展脉络，具有很多教益。其中，充满了智者和哲人的洞见，非常值得我们学习。

要研究心理学，懂得人的心理及其变化规律，增强洞察能力。提升个人的“读心术”“攻心术”“驭心术”，使化解矛盾工作更加顺畅。

要学习掌握现代信息技术，借助信息化手段深刻“洞察”。关注在5G背景下的有关深度应用技术：互联网、移动互联网、物联网，区块链技术，大数据、云计算、人工智能等。它与我们的生活息息相关，有利于深刻洞察研判，能为我们化解矛盾提供很多帮助。

第二，认真把握各种洞察方式方法。采取何种洞察方式方法，要根据问题“需要”去研究确定。

常见的有以下几种：

一是从视角上，要多角度“洞察”。注重洞察的全面性和整体性，避免出现盲人摸象、一叶障目的问题。

二是从时间上，要“洞察”演变过程。确保最大限度地掌握前因后果，有利于我们准确地找到矛盾问题真正的“根”。

三是从渠道上，要多方面听取掌握“情况”。兼听则明，偏信则暗。

四是从优势上，要发挥专家专业“洞察”的作用。

五是从手段上，要大胆地科学地创新地综合运用多学科专业知识进行对比、剖析、考量“洞察”。

六是从提升大脑思维灵敏度上，要以集中大脑注意力为主、以放松大脑神经适时予以休闲为辅进行“洞察”：

（1）要集中注意力。注意力集中的程度，决定着处理矛盾问题思维的广度和深度。在注意力集中的状态下，人们的大脑才会较好地进行研究分析、逻辑思维以及有意识的活动。在深刻系统的思考过程中，既要综观全局，又要深谋远虑。

（2）要学会放松大脑神经适时休闲。如果我们过于聚精会神、太过于专注，甚至神经处于高度紧张状态，往往会造成两个后果：

①大脑里的信息、经验“链”（记块、忆块）之间正常的相互“连接”被抑制，“链”之间应有的通过互动方式产生深度分析、逻辑思维的能力受到限制。如果一个人持续不断地绞尽脑汁进入精神过于绷紧状态，也就是大脑神经处于高度紧张状态，这时大脑里除个别信息、经验“链”被“盯紧”而有“活跃度”外，其他绝大多数信息、经验“链”的“活跃度”大大降低。此时，我们的大脑会不自觉地在“过于聚精会神”中，将多年积累的这些“好东西”藏起来。这时，这些“好东西”失去了各种“连接”，大脑的灵敏度很低，感到脑子“僵了”“蒙了”“空白了”。那些多年的“好东西”，将不能为我们所用。

②作为大脑里的思维“链”（思块）其“活跃度”降低，那么它本身应有的创新创造活力被大大抑制，会形成思维模式单一的思维定式（也就是“一条道跑到黑”）。脑子不去积极主动地想不同的思路和办法，不再“灵动”，而是变得“混沌”了。

因此，解决重大复杂矛盾问题时，我们有必要“忙里偷闲”“闹中取静”。“闲”“静”中干什么？可以考虑做两个方面或其中之一的事情：

①进入相对休闲的气氛、环境。在相对休闲的气氛、环境里，有利于激活思维、信息、经验等。在相对安静时，常常能够“灵光闪现”，触类旁通，计上心头。

②阅读与自己目前正在思考的内容有关的书籍等。有些矛盾难题难办，可能是受高度紧张、思维定式的影响。但更多的矛盾难以解决，实际上是知识、信息、经验不够和办法不多造成的。所以，我们要不断地“开放”自己，接触更多我们不曾了解的东西，这样才会有更多的机会有效激活自身洞察力。工作、学习和生活中，要多看有关书籍，多学有关新经验，汲取新知识、新信息，学习新思维、新方法，从而见多识广，一招中的。

化解矛盾时，如何去洞察

第一，有计划地了解基本情况，获得初步认识。要尽可能广泛地收集信息，想方设法了解矛盾当事人的基本信息和矛盾发生的基本过程，为后期深入洞察研判奠定基础。

第二，有章法地接触矛盾当事人，独立自主地观察当事人的“言行”，掌握第一手客观情况。要把握旁敲侧击技巧，探知洞察对方实情。

第三，闹中取静，认真“复盘”矛盾当事人的言行。要静心思考，认真揣摩细枝末节及其变化，不放过任何蛛丝马迹。要入木三分，不为表象所迷惑，从中发现问题。

第四，用科学的方式系统思考、综合研判矛盾问题。千难万难，判断最难。务必要用心、细心、耐心。

一是从当事人的“诉说”中，通过我们的分析与综合、比较与分类、抽象与概括等，找出（梳理）其主要诉求问题和所依据的“事实”“理”“法”。

（1）找出当事人的主要诉求问题。

（2）找出支持当事人主要诉求所依据的“事实”，也就是原因、理由、条件、支撑点。

（3）找出支持当事人主要诉求所依据的“理”“法”。

二是分析、鉴别、辨明其所表述“事实”和其所依据“理”“法”的准确性、正确性。

（1）判断当事人所表述的“事实”是否准确。认真记录当事人表述的“事实”，并分析其是否夸大、缩小，是否妄想、臆测，是否想当然、大而化之、以偏概全等。对于当事人表述的“事实”有证据证明准确的，给予充分肯定；对于当事人表述“事实”不准确的，认真详细地辨明，耐心地向当事人讲明白，该否定的就要予以否定。

（2）判断当事人所依据的“理”“法”是否准确。对于当事人依据的

"理""法"准确的，给予充分支持；对于当事人依据的"理""法"错误的，给予否定；对于当事人依据的"理""法"部分正确、部分错误的，认真详细地甄别，耐心地向当事人讲透彻，该纠正的就要予以纠正。

三是正式确认正确、准确"事实"，选择适用于处理矛盾问题的正确、准确"理""法"。

四是在以事实为依据、以法律为准绳的原则下，研究采取什么样的具体路径、途径、办法，合情合理合法地解决矛盾问题当事人的诉求。

第五，集思广益，确保"洞察"的准确性和科学性。真理越辩越明。适当时机，与其他人员沟通交流初步"洞察"情况，发挥大家的聪明才智进行深入讨论，这也有利于后期处理（调解）意见的制定和执行。如果矛盾问题特别复杂，可以将初步洞察情况单独向"专家""高手"请教，借他人"智慧"，使自己洞察得更加精准到位。

某日，代某等多人到某市矛盾纠纷多元调处中心反映问题：

第一，该市矛盾纠纷多元调处中心的一名副主任安某和两名工作人员得知有群众反映矛盾问题时，首先通过手机电话，向当事人所在乡的乡干部了解大体情况：一个多月前，代某之子代小某在某公司仅仅上班 15 天后突然死亡。一个多月来，代某等人多次到该公司交涉赔钱事宜（代某提出了赔偿 150 多万元的书面诉求）。起初，该公司还积极主动与代某等人沟通调解。后期，由于代某一时拿不到赔偿金着急，去该公司"说话就不那么好听了"。再加上，该公司老总对此事不够重视，时间一拖再拖，双方矛盾逐渐加剧，发生了口角，关系闹僵。从此，该公司不再允许代某等人进入其公司，且电话不接、捎话不回。代某无奈，便到市里反映问题。

第二，安主任等人认真接待了代某等人的"哭诉"。代某在痛苦难过的同时，对该公司的做法非常恼怒：其子代小某临终前在车间的几个小时时间里，该公司抢救不主动、不及时，贻误了最佳救治时机。

第三，安主任等人听取代某等人诉说后，到另一间办公室，将代某反映的情况一一罗列出来。

第四，安主任等人开展综合研判。

一是明确诉求：代某要求某公司赔偿工伤死亡金150多万元。

（1）代某表述的“事实”：代小某在某公司上班半个月，是公司职工就应该给予工伤死亡赔偿。代某还记得代小某曾说过自己有入职公司的协议。

（2）代某依据的“法”：《工伤保险条例》等有关法规政策。

二是分析“事实”和“理”“法”：代小某在工作岗位突发疾病，经48小时抢救无效死亡，须向有关部门申请工伤认定；① 国家确实有《工伤保险条例》。

三是基本确定：大体认定应视同工伤情形，可以依据法规规定计算工伤待遇。

四是具体处理路径建议：建议代某找专业律师，帮助其解决难题。在律师帮助下搜寻有关证据。

（1）搜寻代小某是某公司职工（因代小某只在某公司工作了半个月，无工资表）的书面证据：寻找入职协议、考勤表、2名以上工友的书面证明等。

（2）搜寻上班时间内发病及48小时内死亡的证据：代小某发病时公司通知其父母的电话通信记录、当时120急救车出动时的电话求救证明、2名以上工友的有关书面证明、医院病历等。

明确赔偿的途径：

（1）若代小某已经加入了职工工伤保险，需要由代某到该市劳动保险部门查询后，按有关规定程序申请给予赔付。

（2）如果出现代小某没有加入职工工伤保险的特殊情况，可以由代某聘请专业律师，代其向某公司沟通协调解决，或向当地人民法院提出由某公司依法给予赔偿的诉讼请求。

第五，该初步建议方案形成后，向市矛盾纠纷多元调处中心主任作了汇报，接着征求了驻市矛盾纠纷多元调处中心律师的意见。一致同意后，向当事人代某作了反馈。很快，此矛盾事项顺利导入法定程序解决。

---

① 《工伤保险条例》第十五条，职工有下列情形之一的，视同工伤：（一）在工作时间和工作岗位，突发疾病死亡或者在48小时之内经抢救无效死亡的……

洞察结束后，如何根据洞察的事实形成最终的处理意见

根据洞察的事实形成矛盾化解最终的处理意见，正是洞察的意义所在。特别是对于涉及多人的矛盾问题调查结束后，经常有一个集体民主协商从而形成最终处理意见的过程，这项工作非常重要。如果最终做出的处理意见考虑细致、周到、恰当，当事人就会心服口服，社会效果就会好；如果处理意见不当，当事人就会不服气，就会持续不断提出诉求，其社会效果也会很差。那么，这次化解矛盾问题就是不成功的，甚至可能造成难以挽回的损失。

斟酌最终处理意见时，需要认真考量以下几个方面：

（1）细致辨明发生矛盾问题是故意的还是非故意的，是善意的还是恶意的，定性不一样，处理、处罚的轻重程度差别会很大。

（2）在“情理法”融合方面统筹考虑。

（3）从近期和长期，分析考量其可能产生的影响。

（4）综合分析研判个体接受程度和整体社会效果。

典型案例

1. 洞察解决之道　依法追回欠款

某日，60 多岁的索某等人到某市矛盾纠纷多元调处中心，反映追要索某等人作为小麦运销个体户给某区小麦加工厂承包户薄某送小麦（该小麦加工厂原为某区集体企业，1997 年由薄某个人承包，用于收购加工小麦。该小麦加工厂原归某区，后调整划归某市）的欠款。

原来，2001 年该区政府组织沿主干公路进行综合整治，该小麦加工厂在拆迁之列。薄某与该区政府拆迁办未达成拆迁协议（区政府拆迁办评估应给予薄某拆迁补偿 270 万元，而薄某强烈主张 450 万元）。不幸的是，恰在此时，薄某夫妇遭遇交通事故当场身亡。索某多次讨要 90 多万元欠款都被拒（死者薄

某上有80多岁的老父亲，下有一个孩子)。薄某父亲的理由是：薄某已死，小麦加工厂没有剩余资金支付索某欠款。同时，个人年事已高，没有积蓄，就是个人有心想帮助已经逝去的薄某还上索某的欠款，也拿不出钱来。薄某父亲说："你们想要钱，找市政府去。"于是，索某等人多年来屡次反映问题，诉求某市政府给予90多万元欠款。

某市矛盾纠纷多元调处中心工作人员高某在听取索某诉求并认真分析后，对索某说："我很同情你们的遭遇。但是，这件事情确实很特殊很复杂，要详细梳理洞察具体解决路径。需要厘清里面的法律关系，找准赔偿主体依法解决。否则，眉毛胡子一把抓，干着急。就是你们再反映几十年，也很难拿到钱。"高某继续说："本矛盾事项有三个问题需要明确：一是谁来代表死者薄某，与市政府拆迁办沟通协商2001年小麦加工厂拆迁补偿款数额问题。按照法律关系，薄某父亲（小麦加工厂法人代表）可以作为协商谈判主体。但目前情况是，薄某父亲年事已高，行动不便，不愿出面与市政府拆迁办沟通协调。且因薄某死前还欠工人工资、小麦运销个体户小麦欠款以及银行贷款850多万元，因此即使向市政府拆迁办要回拆迁款几百万元，薄某父亲及薄某幼子也得不到一分钱，故一老一少也无出面协调的积极性和主动性。你们要想从补偿款中追要自己的90多万元欠款，必须取得薄某父亲等有关人员法定授权委托，才有权与市政府拆迁办协商处理拆迁补偿事宜。二是通过沟通协商市政府给予拆迁补偿款后的资金分配权问题。这方面，也需要得到薄某父亲等有关人员的授权委托，才可以进行资金分配。三是分配时要按照国家的有关法定分配顺序要求，就工人工资欠款、小麦运销个体户小麦欠款、银行贷款等综合进行分配。否则，若你们将拆迁补偿款私自装进腰包，会吃官司。"最后，高某对索某等人说："你们要依此情况进行细致研究，将每一个环节有序地扎实去做。要想拿到钱，就不能嫌琐碎、怕麻烦。回去后，你们要拿出路线图时间表，做好详细的具体操作配档表，这样才能按计划依法逐一解决问题。"索某等人听后，认为这才是真正的解决之道，大家纷纷离去。

后来，索某等人按照高某所言，聘请了律师，一步一步地有序认真做。半年后，索某等人依法按程序得到了小麦欠款。

2. 悉心洞察法律关系　真情感动父子和解

2020年9月的一天，一位老人来到某镇矛盾纠纷多元调处中心，气呼呼地说自己要到法院状告自己的大儿子，请矛盾纠纷多元调处中心的工作人员告诉他具体状告大儿子的程序怎么走。原来，老人70多岁，是某村村民。老人的两个儿子曾经和老人签订过协议，每家轮流赡养老人三个月。然而，从2020年春天开始，大儿子就以分家时老人在房屋问题上偏袒小儿子，老人分自己的承包地时小儿子得到的地块较好等为由，拒绝支付老人的生活费，不再轮流赡养老人。

调解员姜某听后，告诉老人："如果到法院打官司，肯定能够赢。但是，这样一来，就会赢了官司，输了亲情。最好还是通过调解来解决赡养问题。"老人觉得有道理。

几天后，调解员姜某来到老人大儿子家，正好大儿子和儿媳都在家。姜某与老人大儿子及儿媳交流："分家析产和赡养义务是两个不同概念的法律关系，不能说你觉得分家析产不公平你就不履行自己的赡养义务。父母对属于自己的财物，完全可以自由处理，这与子女应负的赡养义务没有关系。当然，现实生活中父母可能在财物处理上不一定绝对公平，这里边可能有多种原因，也很可能父母有一些难言之隐，做子女的要多给予理解和宽容。人生在世，谁能那么周到全面公平啊？谁没有年龄大了生活上需要求人的事啊？你们也都上有老，下有小，是不是应该给自己的子女当个赡养老人的榜样？一个人，如果不履行赡养义务，就会受到社会舆论的谴责和法律的严厉惩罚。[①] 一旦通过法院判决解决，输掉的决不只是金钱！"

调解员姜某认真分析洞察法律关系，真心真情进行调解，终于打动了大儿子一家。最后，大儿子同意履行赡养义务，父子和解。

---

① 《民法典》第一千零六十七条第二款：成年子女不履行赡养义务的，缺乏劳动能力或者生活困难的父母，有要求成年子女给付赡养费的权利。

办案心得

洞察秋毫，乘势而上。欲要明究竟，处处细留心。洞察秋毫，度势识势，才能把握大局，辨明方向，才能因时而动，择机而行；洞察秋毫，聚势定势，才能凝聚合力，万众一心，才能聚沙成塔，成就梦想；洞察秋毫，造势借势，才能让优势变成强势，让他势变成我势，才能雷霆万钧，势如破竹！

第七篇　计　策

导读

计策的含义

计策和战略有什么关系

化解矛盾时，如何制定计策

实施计策时，需要注意什么

计策的含义

计策，通俗地说就是计谋策略，是组织或个人为了达到一定目的，充分发挥主观能动性而预先安排的方法或策略。计策是制胜的关键，是科学能动的实践指南。我们处理矛盾问题，特别是面临重要工作、重点工作、难点工作时，必须有“计策”才能确保矛盾问题被有条不紊地有效解决。如果没有计策，只是靠“死力气”“傻大胆”，就算事办成了，也只能算是“瞎猫碰上死耗子”运气好而已。缺乏计策指导的行动，不能有的放矢，很难取得常胜。当然，我们工作中的计策，一般会隐含在工作方案、实施意见、指导纲要之中。

计策和战略有什么关系

“战略”一词较早时候是军事方面的概念，“战”即战争，“略”即谋略。“战略”是从全局、整体进行系统综合考虑实现总体目标的规划。而“计策”是含“计”的具体行动策略。“战略”需要“计策”作为途径、路线、方法等去精心组织实现。从一定意义上说，没有“计策”，“战略”永远是空想。

中国较早对“战略”进行系统研究的是春秋时期的孙子。孙子在家庭熏陶（祖父孙书为齐国将军，父孙凭为齐国卿）、学习思考、战争实践（攻灭钟吾国、徐国两小国，西破强楚，大败越军）基础上，潜心研究、精心编著了《孙子兵法》。毛主席于1938年发表了《论持久战》，在文中对《孙子兵法》给予了高度评价：“孙子的规律，‘知己知彼，百战不殆’仍是科学的真理。”① 2500多年来，孙子思想尽释芳华，其实际效用早已不限于军事斗争，已经成为人们赢得成功的璀璨瑰宝，解决疑难的有效韬略。

我们常说的“计”，通俗地说就是主意、点子。中国古代就有“三十六计”。《三十六计》语源于南北朝，成书于明清。自古以来，历代政治家军事家都善于用“计”。春秋战国时期，齐国的将军田忌很喜欢赛马。他与齐威王和各位公子赛马：把各自的马分为上、中、下三等。比赛的时候，田忌的上、中、下马分别与他们的上、中、下马进行比赛。赛了几次，都是田忌输了，他很郁闷。孙膑见此情景，就对田忌说：“你再赛马时，用你的下等马与他们的上等马比赛，用你的上等马与他们的中等马比赛，用你的中等马与他们的下等马比赛。这样你就会一败二胜。还是你的那三匹马，但三局两胜比赛中你就会赢。”田忌依此计，果然赢了。这就是历史上“田忌赛马”的故事。同样的马匹，由于善于用“计”，调整了出场顺序，也就是通过优化组合、“玩结构”，就能得到反败为胜的结果。

日常政法、信访、司法、基层管理工作和人际关系处理等，涉及的矛盾问题多数是人民内部矛盾，其处理方法不能不分矛盾性质就形而上学地套用战争中的“三十六计”。因此，在认真研读《孙子兵法》《三十六计》等有关战略战术的书籍时，要静下心来，剔除封建糟粕，汲取深厚营养，萃取思想精华，并结合新时代化解社会矛盾问题的要求融会贯通地思考，激发优秀传统文化、古老文明的生机活力，将其内化为我们的人生智慧，做到

① 《毛泽东选集》（第二卷），人民出版社1991年版，第490页。

熟能生巧，巧能生妙，妙能生绝。世界上很多“绝妙”的经典战例、疑难问题解决案例，都是诞生于伟大的将士们、伟大的社会工作者深入的勤奋学习和不断的探索实践中，是各种实践技巧、高超计策熟记于心运用自如的“集大成”。

化解矛盾时，如何制定计策

第一，要熟练掌握制定、运用计策化解矛盾的技巧。平时，要注意提升“用计”水平，既要认真思考研究、举一反三，又要积极实践、用心领悟。

第二，要把矛盾基本情况掌握精准。

（1）广泛深入洞察矛盾基本情况和发展方向。

（2）全面分析矛盾中的事，认真把握其内在联系。

（3）深入了解矛盾当事人的特征、兴趣、习惯、弱点等。

（4）明确化解矛盾需要达到的目的、目标。

（5）学习研究同行类似情况化解机制，开阔眼界，借鉴思路。

第三，充分运筹“计策”，取得“赢”的优势、胜算。

（1）从拆分矛盾后便于分解任务、逐一击破，相对更容易取得优势、胜算上，考虑计策。关于“拆分”技巧，详见“拆分篇”。

（2）从奇袭矛盾当事人之“短”（其描述得不准确的或虚假的事实、不准确的或错误的法律法规依据等），使其原来所抓的“稻草”迅速失去而无所“倚赖”“支撑”后易于心服口服优势、胜算上，考虑计策。关于如何“奇袭”、“奇袭”什么，需要反复斟酌、大胆决策、精准操作。可以结合“奇袭”中的几种情况择其一或综合运筹。

（3）从化解矛盾时具体的时间、地点、空间等的选择上，考虑计策。此维度要利我，并能束缚、限制当事人。关于此方面考虑，请参考“时地篇”等。

（4）从化解矛盾借人借力，充分整合资源上，考虑计策。

借人之长，就是要借助他人的长处，为己所用。梅须逊雪三分白，雪却输梅一段香。每个人的能力、资源是有限的，该“借”就得“借”。一个人生病了，就得去医院借助医生护士的医术服务、医疗设备的科技手段等，去治病；企业缺少了流动资金周转困难，就得想办法到银行等机构进行借贷融资，解决困难；企业安全生产频繁出现问题，公司多次自查查不出原因，就有必要聘请安全生产专家，进行认真查找和整改。真正有智慧的人在遇到矛盾难题时，不会暴露自己的短处，而会主动“借”他人的擅长之处。

“善借”是一种高超的能力。当今世界，已经进入了互联网时代。无处不在的互联网，在很多方面颠覆了我们几千年形成的固有思维模式，如：一个主播在一个小小的直播间，就可以产生几百万元乃至上亿元的销售额，靠的是什么？表面上看是其擅长激发起受众的购买欲、实现高效互动，实质是综合利用了互联网络打造的粉丝聚集、人气超旺的“平台”。借产品、借主播，将导入的各种外部力量进行有效组合创新，形成新的商业模式，具有不可想象的蓬勃生机和瞬间崛起的强大活力。

化解矛盾时，常用的“借”主要有：

①借思路。聪明人不会闭门造车。虚心地去看一下别人怎么造车，自己心里不就有谱了吗？要深入学习研究他人关于同类矛盾问题的处理技巧，同时注意有意识地经常到外地参观学习处理矛盾问题的办法，不就见多识广找到“道”了吗？

②借感情。借助当事人的战友、同学、老乡、戏友等特殊感情，帮助化解矛盾。

③借名。借助名人的声望和面子实现自己的想法。我国历史上秦末农民起义时，西楚霸王项羽的叔父项梁在起义之初，处心积虑、绞尽脑汁地找到楚王的一个后人，推为“楚怀王”，就是借楚王的“名气”引起老百姓的关注和呼应。因为楚王的后人有明确的“旗帜形象”，这样易于老百姓从政治上和情感上接受。

④借专长。工作、学习和生活中，对自己来说看似很复杂的矛盾难题，在“专人”面前都不叫事。家里钥匙丢了，进不了家门。可是，开锁师傅一到，难题解决起来就很简单了。

⑤借势。关于此方面工作，请参考“时地篇”。

⑥借各类组织力量。后边“组织篇”里有较多论述，这里不作细述。

“借”时，要注意坚决管住所借人本身之短。我们要预防和杜绝其身上的短处、弱项、不足等给自己“添乱子”，特别是要想办法管住被借“专长”之人身上的严重不足，防止事没办成，反倒给自己处理矛盾问题增加麻烦。《西游记》中，自称齐天大圣的孙悟空心气很高、傲气十足，经常使性子，是不是被唐僧的“紧箍咒”管起来了？猪八戒是不是被孙悟空看得很紧？沙和尚自律意识强，就不用多去管了。我们实施计策时，借的“专长”之人，如有严重不足，就有必要考虑通过合适的方式时刻给予关注、提醒、约束、监督等。

（5）从“情理法”并用而容易被当事人接受的优势、胜算上，考虑计策。

①打“感情牌”。人与人感情上认可了，其余的事都可以商量着办了。

②明辨是非。要准确把握社会主义核心价值观对于“理”的要求。核心价值观是一个国家重要的社会稳定器。一个国家如果没有全体人民共同的核心价值观，就会使全社会魂无定所、行无依规。要有效引导矛盾当事人将“私理”与社会主义核心价值观要求的“理”相对照，使其明白“私理”的哪些方面是“合理的”，哪些方面是“不合理的”。特别是要善于使用案例故事来释“理”，引导矛盾当事人将“理”辨透、辨清、辨明。化解矛盾时，如果甲乙双方矛盾激烈，各执一词，就有必要在有关人员的主持调解下，将双方代表人物“请”到一起，在“桌面上”公开辩事、辩理、辩法。这样，我们就能在双方认真有序分清事实辨明是非的基础上，弘扬正气，匡扶正义，严格依法办事，达到双方都心服口服的效果。这样，就能有效地避免出现矛盾双方认为调解人“拉偏架”袒护另一方而不信任调解人的问题，彻底解决调解工作难以进行下去的困境。

③运用“法力”。依法治国的年代需要“法”，但并不是每个案件都需要通过“法院审判”的形式来解决。在处理矛盾问题时，要学习“不战而屈人之兵”的策略，精心利用“法”的定性定量威力，来解决问题化解矛盾。简单地说，有些矛盾问题的处理，并不一定都需要矛盾双方当事人上法院去打官司。

但如果该矛盾问题涉及的财产数额较大，且双方争议很大，则有必要分别聘请律师。由各自律师根据有关法律法规，提出各自的责任划分和有关赔偿数额情况建议。这样，由矛盾当事人各自委托的律师，进行沟通、协调比较顺畅，效果较好。这时，“法”的定性定量威力优势得到发挥，有利于事心同解、案结事了，彻底化解矛盾。这些年，笔者组织、参与处理的多起医疗事故死亡赔偿、工伤事故赔偿、道路交通事故伤亡赔偿、农民工工资兑现等信访难题，甚至是多年的信访积案等，大多是采用这样的思路、方式解决的。

当然，世界上没有两片完全相同的树叶，矛盾问题更是万千景象。古代兵圣孙子主张，作战要有灵活性，坚决反对生搬硬套、形而上学。他说：“水因地而制流，兵因敌而制胜。故兵无常势，水无常形；能因敌变而取胜者，谓之神。”① 因此，化解矛盾问题不可能毕其功于一役。要审时度势、灵活运用，保持先机、因敌制胜。关于如何进一步活学活用，笔者在本书“活学活用篇”做了更为详细的叙述。

第四，计策初步确定后，要组织有关人员“小范围”进一步讨论修改。

第五，将计策转化为实施方案。

要明确四个方面内容：

（1）指导思想；

（2）实施步骤；

（3）具体措施；

（4）组织保障。

以上内容含有六个要素：

（1）为什么做？明确制定计策的缘由。

（2）做什么？明确计策的内容。

（3）谁去做？明确计策的实施主体。

（4）何时做？明确计策的实施时间。

---

① 黄大志编著：《智悟孙子兵法》，中国致公出版社2007年版，第120页。

（5）何地做？明确计策实施地点（包含环境等）。

（6）怎么做？明确实施计策采用的方法。

实施计策时，需要注意什么

第一，认真选好主将。知人善任、唯才是用，是政治家成就事业的重要保障。自古优秀的政治家都是“好伯乐”，都善于择人而用，赋予智慧超群、勇于担当的将领以重任。选好一个人、用好一个人，就能调动积极性攻坚克难，成就一番事业，开拓一片新天地。刘邦本身识字不多、武功不高，但他善用各有所长的张良（运筹谋划之才）、韩信（治军带兵之才）和萧何（治国抚民之才）“三杰”，齐心协力，成就大汉；刘备老实忠厚，文不如诸葛，武不如关张，但刘备视他们为亲人，亲情相待，团结一心；朱元璋斟酌北征统帅是用徐达还是常遇春，考虑徐达处事冷静且有全盘谋划统筹指挥能力、常遇春遇事一马当先但不善于调动发挥下属积极性，最后择定徐达为征虏大将军挥师北伐。因此，计策能否取得预期成果，组织实施者是关键。具体选择考量时，要选择能够深刻理解，并有能力坚决贯彻落实“计策”的人，担任实施计策的主将。主将有了“精气神”，才能带领团队焕发出“一只老虎带领一群羊”的干劲，虎虎生威，攻无不克，战无不胜。所以，主将的选择，即化解矛盾主要负责人的选择，对于计策的实施至关重要。选对人，方成事。

化解矛盾的主要负责人也就是领导者，要有领导力。具体来说，就是感召力、前瞻力、影响力、决断力、控制力。

（1）感召力。就是领导者依靠人格和信仰的力量去领导和鼓舞的能力。感召力是最基本的领导能力，是领导学理论中最经典的特质论研究的核心主题。一个人，如果没有坚定执着的信念、公平正义的道德修养、奋发向上的人生激情，以及广博的知识、超人的洞察力，他就不会修炼成一个优秀的领导者。领导行动是无声的命令。领导者要发挥带头示范作用，敢于“亮剑”，具有“胸为帅谋、身在兵位”的责任担当，率先垂范，勇往直前。

(2) 前瞻力。就是领导者在复杂变幻环境中能够看清矛盾发展方向和路径的能力。能够正确预测未来，有稳妥的近期化解矛盾工作指南和科学的、具有远见的宏观策略。要有前瞻力，杜绝侥幸决策。侥幸是决策者最可怕的心态。

(3) 影响力。就是领导者能够积极主动影响化解矛盾工作团队组织和矛盾当事人的能力。

(4) 决断力。就是领导者针对矛盾问题能够进行快速有效决策的能力。决策时，领导者要认真听取“听得见炮声、看得见炮火”的人的意见，把握战场瞬息万变的真实态势，及时精准决策。

(5) 控制力。就是领导者能够有效控制矛盾发展方向、化解策略实施过程和化解成效的能力。

第二，发挥思政优势。思想政治工作是经济工作和其他一切工作的生命线，同时也是化解矛盾时需要充分运用的法宝。要注意唱响（克服唱衰），多沟通、多表扬、多宣传，汇聚各方面力量，凝聚正能量。要及时采用直接或委婉的方式拆穿、揭露负面信息、假消息，防止混淆视听，最大限度地减少其带来的负能量。

第三，着力抓住重点。克服面面俱到，凝心聚力抓重点、重点抓，重点突破，用80%的精力，强力突破20%的重点，然后再快速推动向纵深发展。越是在吃紧的关键阶段，越不能放松，一锤接着一锤敲，有条不紊，久久为功。

第四，采取合法手段。计策中的手段，要合法。为了达到目的而不择手段的做法，会遭到全社会的鄙视、唾弃、不齿。要阳谋，不要阴谋。如果手段缺少了合理性、合法性，就算“案结”了，此案的化解效果也会大打折扣，会有很多负面社会影响。

第五，注意实施细节。明确计策制定方案后，不能认为就万事大吉了。要想取得理想效果，就得精心推进，稳步操作，用心“施工”，做一名优秀的“施工队长”。(1) 细心研究实施的突破口、路径、保障等。细化“施工图”，倒排“工期表”。(2) 善于协调内部机构之间的联动，形成强大合力。(3) 密切关注实施过程中出现的问题，及时有效解决。克服只看结果不看过程的错误做法，注重准确把控过程。

典型案例

1. 导入依法轨道　借助“法力”化解

2018 年某日，某市矛盾纠纷多元调处中心副主任郑某接待了多名矛盾问题诉求者。诉求者代表孙某（包工头）说：“2013 年，我干了某县农田水利桥涵建设工程。总包方市政工程公司老板熊某欠我工程款及农民工工资 50 多万元，至今一分钱都没有拿到。请求市矛盾纠纷多元调处中心协调解决。”郑主任认真对待此矛盾事项，感觉涉事时间较长，单靠一般性的“协调”，力度不够、难度较大。因此，妥善处理此矛盾，必须采用这样的计策——将此事“导入”法律处理轨道，借助“法力”给予彻底解决。

为有条不紊地扎实推进，郑主任对该矛盾问题进行了进一步的深入了解。原来，孙某和熊某是初中同学。在 2012 年前的 5 年多时间里，熊某曾多次将某市政公司总包后的部分工程分包给孙某，并都顺利结清工程款及农民工工资。但针对 2013 年这项水利桥涵建设工程，孙某曾经 3 次找熊某要求签订书面分包合同，都被熊某以工程工期紧张没有时间为由拒绝了。熊某声称：“咱俩是多年的同学关系，你还信不过我吗?”孙某听后就不再好意思提签合同的事了。2013 年底桥涵建设完工后，孙某多次向熊某催要工程款和农民工工资，都被熊某拒绝。无奈，孙某就到法院提起诉讼。法院工作人员告诉孙某：“你没有分包合同，就没有证据，不可能打赢官司。”没办法，孙某只好选择到市里反映问题。

郑主任听后，对孙某说：“我本人很同情你的遭遇。50 多万元确实不是个小数目。这样吧，你回去后找个律师，辅导帮助你收集整理你和熊某关于该工程的短信记录、录音记录、微信记录，以及桥涵建设工程进料单、农民工工资明细等，形成桥涵工程分包建设完整闭合的‘证据链’材料。到时候，法院就可以以完整闭合的‘证据链’材料认可、采纳、支持你。当然，要找到多年前的证据比较麻烦，但也只有这样的‘证据链’材料才能得到法律的保护。一旦法院就该案进行了民事判决，若对方不执行，那你就可以申请法院强制执行。那时，你的钱就有强有力的法律保障了。”

孙某听后觉得很有道理，高兴地接受了建议。三个月后，孙某诉讼之事进入法律程序。还未到法院就该案进行正式判决时，熊某就主动接受了调解（若要法院正式判决下来，熊某除要交给孙某 50 多万元工程款和农民工工资外，还要支付孙某的诉讼费和50 多万元6 年多的利息）。第二天，孙某顺利拿到了50 多万元欠款。

2. 拆分浇地争水矛盾　借法稳局借智解题

2019 年某日，某乡司法所所长周某下村到其联系的贫困户家中走访。途中看到两群人分别拿着铁锨、木棍在紧张地对峙，好像在争辩着什么。周所长抓紧赶过去，一问才知情况。原来，甲村和乙村两村村干部以及村民为浇麦子用水问题争吵了起来。甲村在水渠上游，乙村在水渠下游。现在正是春灌时期，大家都急着用水渠里的水浇本村的麦子。甲村用铲车铲土横着堵住了水渠里的水自流浇地，乙村一看自己下游没水无法浇地，村干部就火气冲天地带着人扒开了堵水的土，这样甲村就无法自流浇地了。因此，甲村也急了眼，村干部便带着村民拿着“武器”来打斗。此时，一场群体械斗一触即发，形势极为危急。

周所长见多识广，他判断要解决这个浇水矛盾，必须拆分成两步：第一步是借用法律威慑力稳定局面，第二步是集思广益，借用群众的聪明才智找到具体解决办法。于是周所长跑到甲村乙村群众之间，厉声说道：“大家谁也不要动！谁先动，谁输理！谁先动，谁犯法！谁先动手打人，我就用手机录像交给公安局抓他！难道你们村干部和领头的就不怕法律制裁、不怕进监狱吗?”周所长借用法律的“法力”，一下子镇住了双方，很快稳住了现场局面。

周所长接着说：“咱们是邻村，乡里乡亲的。甲村的姑娘嫁到乙村当媳妇，乙村的男人入赘甲村，亲戚连着亲戚，都是一家人。为了浇水打了架，成了仇人，那么今后逢年过节还怎么串门走亲戚?”看到大家都在屏住呼吸听自己讲，周所长继续说：“大家要互相理解，互相宽容，静下心来，集思广益找到办法解决现实问题，这才是真本事。谁要是有脑子，找出办法来，我老周借你的智慧用一用为大家服务，改天我请你喝壶好酒。”众人一听，哈哈大笑，刚才紧张的氛围马上烟消云散了。

众人讨论了一会儿，其中有个瘦高个说：“我说两句。水是大家的，不是一家的，咱们要都受益。我建议，一个村用两天，轮流用水，具体哪个村第一个用，咱请周所长现场主持，各村村支书抓阄，谁抓着算谁的，不准反悔，大家都现场看着。具体各村内部哪户先浇地，由各村自己决定，提高用水效率。不知道这办法怎么样?”大家一听，连声说：“好好好!”周所长马上对那人说：“请你记着，今天我老周借你的这个智慧，改天我请你喝壶好酒啊!”那人却说：“周所长，今天如果没有你的到来，我们甲村乙村早就打起来了，是我们大伙应该感谢你，请你喝壶好酒才对啊!”这时，甲村乙村群众纷纷向周所长竖起了大拇指。

接着，在周所长的主持下，现场抓阄，争水浇地问题得到圆满解决。

办案心得

不战而胜，上中之上。“杀敌一千、自损八百”，得不偿失。《孙子兵法》里讲“不战而屈人之兵”，主张以不战而获胜。当然，不战并不是无所作为、守株待兔，而是用最少的损失争取最大的胜利，为“屈人”。“屈”的基本含义是“使弯曲”。

如何“屈人”?向对方讲明道理、点清利害，如春秋战国时烛之武以三寸之舌退秦军，为“屈人”；将对方实力瓦解，使其无招架之力，如春秋战国时齐桓公凭借“造邦刀”货币使衡山国君乖乖投降，为“屈人”；重击对方万例类似矛盾中之一例，并迅速晓之以理和法、扩大战果，如某商业地产开发商偷梁换柱欺骗业主导致群体访，最后通过法院判决其一例败诉后教育引导开发商自觉给予所有业主赔偿，为“屈人”；掌控、震慑、严惩当事组织体系中关键之人，刚柔并举，保护整体良知，从而达到矛盾化解的目的，为“屈人”。在所有“不战而胜”之中，无论是主体还是客体，关键是人，核心是通过“庙算”掌握主动权、有条不紊驾驭全局。

第八篇　观　念

导读

观念的含义
在矛盾问题中，常见的错误思想观念及分析
如何引导矛盾当事人转变思想观念
引导转变思想观念过程中，需要注意什么
减少人生烦恼和挫折，需要树立的正确思想观念

观念的含义

观念，通俗地说是指客观事物或问题在人的大脑中留下的概括形象。常见的有认识、看法、见解、观点等，如政治观念、经济观念、文化观念、法制观念等，都属于观念的范畴。

观念来自思想，是人的思想发展的结果。而思想是客观存在反映在人的意识里经过思维活动产生的结果。有什么样的认识能力和环境条件，就会有什么样的思想；具备什么样的思想，就会有什么样的观念；有什么样的观念，就会有什么样的行为。因此，要想行为正确，必须先树立正确的观念；要想树立正确的观念，必须先树立正确的思想。这就是人们常说的“思想决定行动”的道理。思想不同，观念就不同；观念不同，行为就不同；行为不同，结果就不同。

一个老太太有两个儿子，都做生意，大儿子卖雨伞，小儿子染布。老太太坐在家里，整天闷闷不乐。晴天时她焦虑：天这么好，阳光普照，谁去花钱买

雨伞啊？大儿子的雨伞怎么能卖出去？下雨时她也烦躁：这么大的雨，小儿子的布不是染色了嘛，这下雨天布怎么能够晾得干？有一天，老太太所在的村里来了一个“磨剪子”的工匠师傅。他听了老太太的焦虑后，对老太太说：“你换一个角度考虑一下吧。天下雨时，你应该很高兴，因为你大儿子的雨伞卖得好啊！天晴时，你也应该很高兴，因为你小儿子染的布晾得好晒得干啊！”老太太一听，觉得很有道理，顿时高兴起来。人只有转变自己的角度、观念、思路看问题，才能“天地宽”，才能有条不紊地走出困顿。

在矛盾问题中，常见的错误思想观念及分析

第一，“小责任大诉求”问题。在矛盾问题处理（调解）过程中，个别人只要抓住对方“一小点”责任或失误，就“狮子大开口”，堂而皇之地提出过大利益或无限利益。如果与矛盾问题当事人接触，第一次听起来觉得“有理有法”。但是，经过细细分析琢磨，就会发现，其强调的只是自己的“一面理”，不可否认其中有合理合法的成分，但更多的是不合理不合法的成分，他要么是没有辨清，要么是故意混淆合理合法部分和不合理不合法部分。当事人口口声声跟工作人员强调“按法律办”，但其实是他根本没有真正弄明白法律对于利益纠纷问题的责任划分、数额认定等方面的定性定量要求，或是故意“揣着明白装糊涂”。他方“一根牛毛”的责任，却要求“一头牛”的赔偿。在矛盾调处工作中，此类问题普遍存在，已成为当前基层矛盾问题化解工作的难点和痛点。

第二，“打了不罚、罚了不打”问题。历史上，刑律的执行确实存在这样的问题。在今天的法治社会，“打了不罚、罚了不打”的思想观念是错误的。“打了”也就是人们常说的执行了刑罚，这只是对违法犯罪人追究了刑事责任，但不能免除其民事责任。法官可以在给出刑事判决前将该案民事责任的赔偿情况、谅解情况作为法庭量刑时的有关参考依据。在司法实践中，有的情况下，

犯罪人员受到了刑罚惩罚，同时仍要承担民事赔偿责任。①

第三，“两口子家暴不犯法”问题。家庭暴力，是指夫妻之间，以殴打、捆绑、残害、限制人身自由以及经常性谩骂、恐吓等方式实施的身体、精神等侵害行为。为了预防和制止家庭暴力，保护家庭成员的合法权益，维护平等、和睦、文明的家庭关系，促进家庭和谐、社会稳定，第十二届全国人民代表大会常务委员会第十八次会议于2015年12月27日通过了《反家庭暴力法》，并于2016年3月1日起施行。反家庭暴力是国家、社会和每个家庭的共同责任。国家禁止任何形式的家庭暴力。家庭暴力情节较轻，依法不给予治安管理处罚的，由公安机关对加害人给予批评教育或者出具告诫书。当事人因遭受家庭暴力或者面临家庭暴力的现实危险，向人民法院申请人身安全保护令的，人民法院应当受理。加害人实施家庭暴力，构成违反治安管理行为的，依法给予治安管理处罚；构成犯罪的，依法追究刑事责任。

第四，证据问题。法律以事实为依据没有错，但这个“事实”要靠证据来说话。证据是指依照诉讼规则认定案件事实的依据。没有证据的所谓“事实”，在法庭上是得不到认可和支持的。

《刑事诉讼法》第五十条规定：“可以用于证明案件事实的材料，都是证据。证据包括：（一）物证；（二）书证；（三）证人证言；（四）被害人陈述；（五）犯罪嫌疑人、被告人供述和辩解；（六）鉴定意见；（七）勘验、检查、辨认、侦查实验等笔录；（八）视听资料、电子数据。证据必须经过查证属实，才能作为定案的根据。”

《民事诉讼法》第六十六条规定：“证据包括：（一）当事人的陈述；（二）书证；（三）物证；（四）视听资料；（五）电子数据；（六）证人证言；（七）鉴定意见；（八）勘验笔录。证据必须查证属实，才能作为认定事实的根据。”

---

① 《民法典》第一百八十七条：民事主体因同一行为应当承担民事责任、行政责任和刑事责任的，承担行政责任或者刑事责任不影响承担民事责任；民事主体的财产不足以支付的，优先用于承担民事责任。

《行政诉讼法》第三十三条规定："证据包括：（一）书证；（二）物证；（三）视听资料；（四）电子数据；（五）证人证言；（六）当事人的陈述；（七）鉴定意见；（八）勘验笔录、现场笔录。以上证据经法庭审查属实，才能作为认定案件事实的根据。"

第五，"不知者无罪"问题。当事人知不知道其行为触犯刑律不是人民法院定罪的依据，人民法院进行判决以事实为依据、以法律为准绳。某市兄弟二人用自制的皮筋弹弓打鸟，打死了多只斑鸠、灰喜鹊、雀鹰等。经鉴定，雀鹰为国家二级重点保护野生动物，斑鸠、灰喜鹊都是国家保护的有益的或者有重要经济、科学研究价值的陆生野生动物。二人在法院庭审时辩称：不知道打死这些鸟还犯法，现在为此追悔莫及。最后，法院经审理后判决：二人犯非法猎捕珍贵野生动物罪。

如何引导矛盾当事人转变思想观念

第一，认真掌握矛盾基本情况。要底子清，情况明，问题找得准。

第二，全面把握矛盾当事人思想观念。要掌握当事人对该矛盾的认识、看法、态度、立场等。

第三，工作人员本身要辨明当事人思想观念的对与错。

一是工作人员内心深处要有符合公序良俗的正确思想观念：（1）尊重人的生命和自由；（2）关心、同情、帮助弱者；（3）不影响、损害他人的利益；（4）尊重真理；（5）以事实为依据，以法律法规为准绳，坚决维护公平正义；（6）着眼全局、着眼长远。这是一个工作人员在日常工作中应该把握和具有的基本思想观念。

当前，社会发展千变万化，尤其在信息时代人们的思想观念发展快、变化大。观念发展只有进行时，没有完成时，这是历史唯物主义态度。工作人员要紧跟时代步伐，拨云见日，辨明新思潮的对与错。

二是认真梳理当事人的思想观念。将正确的思想观念、错误的思想观念分别列出。

三是重点研究其错误思想观念。要认真研究分析，厘清其错误思想观念的实质是什么。

四是必须进一步下实功夫看清、辨明、弄准个别重要思想观念（我们平常未曾听说过见过的，或感觉不对但又一时说不出哪里不对的思想观念。但是，其对于化解矛盾很重要、很关键）。工作人员决不能以其昏昏，使人昭昭，只有工作人员自身真正搞明白、心里亮了，才会有底气和能力与矛盾当事人沟通，才能够说服对方，使之心服口服。因此，化解矛盾要全力聚焦，细心、细腻、细致入微地分析研究，要像老师一样，给学生一碗水，自己得先有一桶水。对于特别疑难的新问题，如果工作人员不是社会问题行家或法律问题专家，那就很难从“情理法”的层面去辨准当事人思想观念中值得同情的部分和不值得同情的部分、合理部分和不合理部分、合法部分和不合法部分。而矛盾当事人，可能“久病成良医”，对于相关法律法规政策比工作人员研究得还深。这就要求工作人员：（1）平时要加强对法律法规政策、哲学等方面的学习；（2）遇到把握不准的问题，要向专家、高手请教，彻底厘清是与非、对与错。

第四，科学有效引导矛盾当事人转变思想观念。

一是工作人员要与当事人通过各种方式建立希望、接纳、信任等“有力”的联系、联结，使当事人能够经受住转变、转弯、更新思想观念时的“冲击”。

二是充分运用各种方法和技巧，教育、引导、促成当事人思想观念的转变。

主要技巧有：

（1）以诚相待，耐心解释。解释要诚心精准，可直达核心，循循深入对方内心，使其自然接受正确的思想观念。平常工作中，耐心是很有必要的。我们要认真修炼，养成耐心的良好习惯。好习惯受益一生。

（2）细心洞察，逐一厘清。通过为当事人厘清其思想、观念错误的根源、表现和后果（危害）等，让其错误的思想、观念彻底暴露、暴晒在公平、公正、正义的情理法“太阳”底下，协助、促使、推动其自然觉察、自然转变、自然领悟。要注意“暴”的时机、时间长短等“火候”和节奏。坚决防止一次“暴”的力度过大，造成工作“僵局”。

（3）小心静心慢行，引导逻辑推论。工作人员要静下心来，“一步步走，慢慢来”，用清晰的逻辑，引领、帮助矛盾当事人跟随我们进行有序的推论，逐渐激发共鸣，使其自然接受正确的思想观念。

（4）杜绝“想当然”，巩固扩大领悟。工作中经常出现这种情况，工作人员认为矛盾当事人思想观念转变、领悟了，就会全部豁然贯通、一劳永逸。现实中，这种情况是很少的。时常出现的情况是：

①今天明白了、悟到了，明天变了，又“转回去”了。

②在这个地方明白了、悟到了，回到家或换个地方就变了，又“转回去”了。

③和工作人员在一起时明白了、悟到了，可当他与别人沟通聊天或看了某个电视剧等就变了，又“转回去”了。

因此，我们必须杜绝工作中的“想当然”，巩固、扩大转变、领悟思想观念的效果。主要办法有：

①用欣赏、激励的语言鼓励、肯定当事人的转变、领悟。一个人在转变、领悟过程中得到肯定和鼓舞，转变、领悟的效果就会更好，这就是心理学中的马太效应。通俗地说，就是在变强的、变好的、变美的过程中得到鼓励，会变得更强、更好、更美。

②帮助当事人用清晰的语言或者其他符号，亲自把正确的思想观念表达出来，加深其理解和记忆。

③及时促进矛盾当事人思想转变，使其将正确的思想观念与需要其配合的相适宜的行为，进行自觉的自然的顺理成章“连接”。在“连接”的具体“链路”上，工作人员要不失时机地给予清晰、稳妥的指引。

引导当事人转变（领悟）的方式，应该以言语沟通交流为主、以非言语行为为辅：

（1）以言语沟通交流为主要引导方式。

言语沟通中，要高度关注当事人的性格（内向、外向等）特点。同时，注意言语要有实效性，要顺耳、到位、易被当事人接受。

有关此项工作的更细要求，参考“沟通篇”的有关表述。

（2）以非言语行为为辅助引导方式。

什么是非言语行为？这里是指除言语以外的所有沟通方式。

比较重要的非言语行为方式有：

①目光注视。在我们向矛盾当事人传递思想、观点等信息的所有身体部位中，眼睛是最重要的。眼睛是心灵的窗户，它可以发出灵动的光芒，传递细微的感情，泛出片片爱意。如向矛盾当事人表达安慰之意时，目光应带有关切和同情；向矛盾当事人给予肯定、支持时，目光应带有信心和力量；向矛盾当事人解释和说明时，目光应带有耐心和智慧。

②面部表情。人们内心深处的喜怒哀乐，大部分都会在脸上浮现、展示出来。只有表情运用得当，才能声情并茂。

③声音特质。它对语言起着加强或削弱的重要作用，其表现在音质、音量、音调和语速等方面。好的“声音特质”能够吸引当事人跟着我们的思路“走得更加顺畅”。

④身体语言。主要是手势、身体姿势、头部运动、肩部朝向等。要行为举止得体大方，风度儒雅。

⑤空间效应。矛盾当事人更需要拥有一个自己的特定空间，以保持其个人的独立、安全和自尊，使其更深刻地“自我发酵”。

运用各种技巧，利用各种方式，进行引导转变思想观念的过程，要符合人的心理活动规律和逻辑思维特点要求，这样才能够逐渐在看似无形中形成强大的引导转变“气场”。“气场”越强大有力，对方领悟得就越顺利，那么矛盾问题解决得就越到位越彻底，效果就会越好。

第五，将转变后的正确思想观念及时转化为成果（矛盾处理意见）。比如，某地进行“解放思想大讨论”后，迅速请专家对区域进行整体规划修编并建设了标志性建筑物，使思想观念转化成果迅速“固化”见效。

引导转变思想观念过程中，需要注意什么

第一，认真研究从哪里入手开始引导转变思想观念。认真分析斟酌，综合考虑当事人性格、思想状况、矛盾问题缘由等各方面情况，杜绝草草了事、粗心大意。一般情况下，遵循先易后难的原则。当然，这项工作要因事制宜，该借人、借势时，就得借人、借势，还要尽量使其发挥专长、优势。会借，是高超的艺术。

第二，要把握节奏，不能强制。引导当事人转变思想观念时，要循循善诱，富有耐心，绝不能操之过急。“牛不喝水强摁头”，会适得其反。改变一个人脑子里根深蒂固的思想观念，特别是诉求利益时当事人自己坚持的思想观念，需要遵循思维规律，有时需要“时间”。“赢”字里边有个“月”字，代表时间。它启示我们要想“赢”得胜利、成功，就要把握好时间（节奏）。我们不能不顾这个特点，而去违反规律，妄想“硬扭”“强扭”。只要尊重客观规律，耐心引导领悟，就会水到渠成。而违反规律，背道而驰，就会南辕北辙。现实生活中，操之过急、揠苗助长、强扭的瓜不甜等现象时常发生，教训深刻。因此，我们要深刻理解“欲速则不达”的道理，相信滴水石穿、绳锯木断的力量，给当事人一些“转脖”缓冲时间和理由，甚至是“顺坡”“下坡”之路去转变思想观念。

第三，要通俗易懂，易于接受。要学会用通俗易懂、深入浅出、平易近人的方式，引导当事人转变思想观念。要善于使用“清水出芙蓉、天然去雕饰”的语言，把深奥的道理、法律法规政策变成老百姓听得懂的白话，采用暖心的拉家常方式，让老百姓听得明白，领悟得透彻，切忌生硬说教、照本宣科，杜绝“理不糙话糙”。要搞好认识论和方法论的有机结合，多用案例说话，并注重所用案例的鲜活性、生动性，使领悟的方式更加接“地气”，更加贴近生活，这样更能触动当事人的心灵，激活当事人的内心希望，使当事人更加心悦诚服地接受正确的新思想、新观念。

减少人生烦恼和挫折，需要树立的正确思想观念

人的一生，一方面要不懈追求丰盈的物质世界，另一方面要持续打造和谐的心灵家园。如果只是一味地追求物质世界，不去升华自己的精神、灵魂，那么他的心灵家园就会荒芜，杂草丛生。生活中，不缺少“美”，不缺少眼睛，而缺少发现“美”的心灵。一个人，心胸大，心态好，精神好，自律严，格局大，心灵家园才会和谐幸福。这里的“心胸、心态、精神、自律、格局”，就是人们常说的“人生大道理”。如果我们明白了“人生大道理”，不但能使自己的困惑得到化解、心灵家园和谐幸福，还能用这些“人生大道理”去帮助别人化解困惑解读人生，将许多矛盾问题化解在萌芽状态。

常见的正确思想观念主要有：

第一，涵养宽广胸怀。大海之大，能纳百川，在于大海不择江河、小溪汇聚而成。生活中，心胸豁达的人常常用一颗宽容之心来包容一切，因此他能“聚众朋”；心胸狭窄的人常常斤斤计较睚眦必报，这样的人便会“失众友”。我们要有大海般的胸怀，内心仁善，宽容大度待人，这是一个人是否有大格局、成大器、办大事的基础。一个人格局越小，则看不惯的人、看不惯的事情就越多。格局越大的人，就越能包容他人、善待他人，遇到琐事和闲言不纠缠、不计较、不在意。因为格局大的人知道：计较心过盛，则只会使自己活得疲惫，给自己带来无尽烦恼，消耗自己的有限“能量”，影响自己的“大局”。有了大格局，见了“天地”，能够知道“天地”的伟大和神奇（研究理解得透彻），认识自己的渺小和未知，明白人生取舍的奥妙。这样，才能够清楚地懂得到底什么是人生的真谛，自己想要什么样的生活，才能够通透地把握怎样才能获得这样的生活。长此以往，与人相处具有大格局、大胸怀，记恩不记仇，记好不记过，则一生必然会处处风景如画，事事通达顺意，人生之路会越来越宽广。这就是：做人，日积月累，赢在格局，输在计较。

宽容仁厚，饱含人生智慧。我们与其把人力物力财力浪费在斤斤计较上，

不如修养自己的心性，用包容之心对待他人他事。当然，宽容宽恕别人的错误，说起来容易做起来难。做人的明智之举，应该是从内心深处去掉怨恨，从而宽容宽恕别人。金无足赤，人无完人。悠悠岁月，谁能保证不犯错误呢？对你来说的这种“怨恨”，常常可能有三种情况：一是无意不小心造成的。茫茫人海相遇，大家在一个锅里搅勺子碍不住盆沿碰碗沿。那么，就让“怨恨”在理解中随风而去吧！二是无奈被迫造成的。既是无奈之举，又含难言之隐，因果逻辑，谁做、谁选、谁定都一样。那么，就让“怨恨”在包容中随风而去吧！三是故意造成的。聚焦对方故意伤害，换位思考：在对方人生中，究竟其经历了什么样的苦难和伤害，有什么样的错误现实认知，才使其做出了令你“怨恨”的行为？或许是其幼年贫穷的家境，或许是其被某人深深地伤害过，或许是其受到了错误的蛊惑，或许是“执”于某一点而束缚了其本来善良正直的体性。

其被伤害的教训，如何帮助你自身成长？其错误认知的后果，如何警示教育你？在此，你要给予对方深深的同情和怜悯，给予对方彻底的理解和原谅。这就是人们常说的：“大人不记小人过”“宰相肚里能撑船，将军额上能跑马”。那么，就让“怨恨”在原谅中随风而去吧！生活中，你怨死、恨死对方，就算对方知情，也只能是更加导致对方对你的敌意；何况对方并不知情，那对方就更不会有任何损失和负担。相反，由于“怨恨”使你自己的内心长期处于由“怨恨”生厌、生烦、生躁的不平静之中，心底常常燃起恼怒的无名之火，不能自控，只能是遮蔽本心、神魂不定，整天或间歇性地生活在“烦恼场”而自讨苦吃。“怨者”如能静下心来反观内心，点亮心中光明之火，心向善良，待人宽容，毅然放下那些记忆中沉重痛苦的他人“失误”，清除“怨根”，撕掉“怨簿”，则会一朝顿悟，拥有强大内心，喜迎春暖花开，就没有任何负面的东西能够触碰到他、干扰到他。

人生中，有些事情能改变，就用心用力创造性地去改变；有些事情是不能改变的，就改造自我顺势求变。在生命的长河中，要切实懂得感恩，感恩自己今天的拥有，内心能涌动温暖、善良和知足；要真心予以原谅，原谅他人的失误，内心能获得理解、宽容和安宁。一个人，有了发自内心的知足和安宁，不抱怨、不焦虑、不消极，就能够“降服”自我躁动的“心”，自然地开启淡然、谦和的神奇之门，进而成为释放积极人生能量乐于付出奉献的人，欣然地踏上积极、健康、向上的幸福人生旅程。从感恩到知足，从原谅到安宁，从奉献走向爱！这样就会在不知不觉中产生焕然一新的感觉：原来自己的老公是那样的质朴善良，原来自己的老婆是那样的孜孜持家，原来自己的孩子是那样的善良可爱，原来自己的领导是那样的平易近人，原来自己的下级是那样的忠厚老实，原来自己的朋友是那样的真挚诚恳……宽容仁厚待人，才会产生积极的生命能量，才会有其乐融融的家庭关系和如日中天的事业成功。

不同人对同一事物或问题有着不同的见解，这是再正常不过的事了。睿智的人，追求的是和谐厚德、求同存异，包容他人与自己观念、见解、行为等方面的差异，在百花齐放中“春满园”；而缺少智慧的人，总是认为只有自己是对的而强迫他人与自己高度一致，常常想“一枝独秀”造成矛盾冲突。古代政治家军事家姜太公因建立周朝有功，被封为齐侯，定都营丘（今山东省淄博市临淄区）建立齐国。姜太公推行开明政策，他认为：如果在齐地东夷强力推行周礼，就可能导致矛盾，不利于齐国和谐安定富强。经过反复考量，姜太公决定从齐地东夷人实际情况出发，“从俗简礼”，不强行干涉，并且极为务实有效地创造了既让齐地老百姓乐于接受，又不会有悖于周礼的新制。姜太公治国有方，打造了齐文化，创建了泱泱齐国，遗风犹存，累世相续。

经历过艰难困苦甚至产生过绝望想法的人，才能更加懂得生的快乐，才能更加体会到幸福和满足，才能更加心态平和地理解他人、包容他人，甚至萌生出扶助他人的慈善心境和义举。一个人，自己走过艰辛的路，喝过苦涩的茶，才能切实体会到其中的“滋味”，才能设身处地地理解他人的“艰辛”“苦涩”等“不易”感觉，才能宽容他人。人生中，命运在给我们一轮磨难的同时，也给了我们一次成长。

人生要做到“三容”：

（1）容人。就是能够接纳不同性格的人。俗话说：一个篱笆三个桩，一个好汉三个帮。要容得下那些和自己脾气不相投、持有不同观点的人，这样才能为我们的人生助力助跑，增加正能量。《三国演义》中，给袁绍撰写讨伐曹操檄文的陈琳，在檄文中将曹操祖孙一顿臭骂。后来，陈琳为曹军所擒。曹操容人爱才，不但没有算“旧账”治陈琳之罪，反而重用了陈琳。

（2）容言。要有容纳别人语言表达中不同想法、主张、意见等的雅量，认真耐心倾听他人之言的合理成分和有益建议，要“让他说完”。而不能三句话听不进去，就“破坏性”地拍桌子、骂人、冷战甚至扭头就走。对那些不合自己口味、批评的、带刺的、过激的话，都要耐着性子听进去，并真正做到有则改之、无则加勉，切实领会良药苦口、忠言逆耳的道理。

“容言”的核心要义，在于取他人之长，补己之短。通过包容，能得到更多的他人之言，增加自己的信息量，创新自己的思维，完善自己的思路，提升自己的举措，何乐而不为呢？当然，倡导“容言”的同时，必须杜绝“软耳朵”“无自我”。

古时候，一对年轻小夫妻牵着一头毛驴去赶集。开始时，妻子骑着驴唱着小曲，丈夫在一旁牵着驴走。这时，路人说：“这个女人太不像话了，居然让男人牵着驴去赶集。这个男人太无能了，在家里肯定是个妻管严。”小夫妻一听，马上换了位置。刚走了一会儿，一位路人从二人身边走过说：“这个男人太不像话了，居然让女人牵着驴，真不会疼女人。”二人一听，这怎么办？干脆咱俩一块骑驴吧！二人骑上驴刚走了一会儿，一个路人说：“这两口子心真狠，两人骑一头驴，小心遭老天报应。”听到这话，二人赶紧从毛驴背上跳下来，一块牵着驴走。这时，有一路人笑着说：“有驴不骑，真是两个傻子。”夫妻俩不知如何是好，这个集赶得真的是好郁闷。人生在世，我们不能使自己仅仅活在他人的世界里，为别人之言所左右，别人说啥就是啥，不去辨明真相和道理。

（3）容事。笔者对能够容事、克服过于“计较”的建议：对过去的事，只总结经验教训，而不纠结、不耿耿于怀于某一不足欠缺之举（计较不足、痛苦自己），此为“积极过去视角”；对将来的事，只谋划基本思路和重要环节，而不妄想、不过分焦虑未来不确定的细枝末节（憧憬未来、幸福自己），此为“希望未来视角”；对现在的事，要精心谋划，扎实落实（科学运筹、辛勤耕耘），此为“务实当前视角”。一个人，对于不同的事，要注意灵活恰当切换时间视角，而不要只僵化固定在一种视角里，这样一来才能更加从容和自信。就如一个人既是领导或老板，又是丈夫或妻子，要根据自己是身处单位还是在家里，及时调整不同环境中自己的“角色”。人生旅途，如果没有容事之量，时时处处斤斤计较、小肚鸡肠，就难成大事。宽容别人做事的不足、短处、不圆满，才能使对方感受到你的“仁慈”“信赖”“德行”，才能使他感觉到你是一个大气、忠厚、有涵养的人，才能使他感受到，在风云变幻、波涛汹涌、暗流涌动、身累心更累的人生航程中，你是他潜意识里在苦苦寻找的风平浪静、海阔水深并且是可以停泊的宁静港湾。这样，你就能结交很多心灵相通的好朋友。而“聚众朋”就会人无我有，人有我优，越聚越优，其乐融融，那么你就会建立起良好的人际关系。就像歌唱家毛阿敏在《永远是朋友》中唱的那样……“朋友多了路好走”“朋友多了春常留”。我们要“聚众朋”，结识新朋友，不忘老朋友，常念其好，心灵相通，携手前行。

生命就像一种“回声”，你送出去什么它就会回送你什么：

如果你努力尊重他人，你也会得到他人的尊重；

如果你努力包容他人，你也会得到他人的包容；

如果你努力帮助他人，你也会得到他人的帮助。

同时，要注意“害人之心不可有，防人之心不可无”。

第二，培养良好心态。人的心态很重要。人生在世，过的是心情，活的是心态。心态好，看着万事皆美好；心态差，觉得万事不如意。一个人，心态调整好，感觉时时都是春天，事事都有希望。心态改变，态度就会改变；态度改变，行为就会改变；行为改变，人生就会跟着改变。

哥哥华和弟弟段都 20 多岁了。有一天，爸爸将华和段叫到一起，对他二人说：“你们都长大了，我现在给你们哥俩一人 5 万元，有本事自己去闯吧。”第一年的年三十晚上，一家人坐到了一起。爸爸问：“这一年，怎么样？”弟弟段说：“我用 5 万元做本钱贩卖茶叶，挣了 5 万元。现在我有 10 万元了。”哥哥华说：“我跟着一个师傅学养猪，交了学费和生活费，现在手里还剩下 1 万元。”第二年的年三十晚上，一家人又坐到一起。弟弟段说：“我已经有 17 万元了。”而哥哥华说：“在去年跟着师傅学会技术后，我自愿给师傅免费打工，一是报答师恩，二是在实践中深入学习养殖技术。我现在手里还是那 1 万元。”爸爸听后，笑了笑。五年后的年三十晚上，一家人又坐到一起。弟弟段愁眉苦脸，说自己今年都折本了，贩卖茶叶时被别人骗了。而哥哥华这时已经成为很有名气的养殖大户，并且上游产业链饲料加工、下游屠宰项目已经做起来了，个人资产已达上千万元。这时，爸爸感叹着说：“看来种田养猪靠老天爷，搞贩卖两头跑靠运气啊！”弟弟段听后，默默地点了点头。而哥哥华微微一笑说道：“我的理解是，这些年，我与弟弟段的不同，更关键、更重要的是心态不同。我一直依靠认真学习不断地积累，积累时间长了，积沙成塔。而如果想着一夜暴富，暴富一时一事容易，一辈子很难，可能有时暴富，有时大亏。而一次大亏，就可能‘辛辛苦苦十多年、一夜回到解放前’。只有经过量的扎实积累，才有他日质的巨变。在这个过程中，我们只需要以淡然从容的心态，认真地做好自己应该做的事情，不要患得患失，其他的都交给时间、交给规律吧！”华的话刚说完，爸爸和弟弟段都不约而同地向华竖起了大拇指。

人世间，没有谁能随随便便成功。要想真正成就一件大事，就必须坚定地驶出迷茫和彷徨，静下心来，明白“潜龙勿用”的道理，不断日积月累，不断积聚力量，终将到达幸福的彼岸。同时，注意不要把快乐和目标强行绑在一起，认为仅仅在实现目标后才有快乐。要将现在的积极情绪，注入目标实现过程的日日夜夜，快乐就在每一天。

吃亏是福不是空洞的说教，而是人生处世的睿智选择。吃点小亏，施恩于人，赠人玫瑰，手有余香，何乐而不为呢？吃亏的益处：（1）吃亏是升华自身的机会。吃了一次亏，多了一次人生“内心”成长的机会，多了一个“内心”修养修炼的“道场”。（2）吃亏能赢得良好口碑。肯吃亏的人，一般都是老实人，大家都把其认作忠厚实在、诚实可靠的人。“忠厚实在、诚实可靠”是含金量很高的人生“信用品牌”。一个人，如果自己小算盘打得太响，虽然能捡到一时一事的小便宜，但是却输掉了长远未来和宏观大局，实属愚蠢之为。（3）吃亏是一种人生智慧。工作中多吃苦受累，看似吃了亏，但事后能够得到领导的赏识、同事的认可，自己晋职、提升的机会就多。实际上这样的人是把吃亏当成了一种“投资”，吃了小亏，获取了大收益。（4）吃亏能使自己结交更多真心朋友。表面上吃亏的人，实质上是吃了小亏，获得了人心。吃亏的人，他的人缘会越来越好，喜欢和他交往的、乐于与他交友的人就会越来越多，工作中就会如鱼得水，人生的机会就会越来越多。吃亏是福，关键在于心，在于不计较。不长坏心眼，不要坏手段，不占他人便宜，主动以诚恳善良温润之心帮助他人，才是人生最明智的选择。

要崇尚优秀而不是嫉妒他人。崇尚优秀是善意的，表示我们充分意识到他人的优点、长处和美，并且我们尊敬他人、崇拜他人，向他人学习、提高自己。而嫉妒是一种不健康心理。嫉妒容易让人产生怒气烦气，怒气烦气是一种负能量，由心产生，会迅速传导到肝。肝承受了太大怒气烦气“火气”，就会伤身。《三国演义》中，周瑜嫉妒心太强。面对才能和智谋都超过自己的诸葛亮，周瑜不是去主动谦虚地讨教学习，而是千方百计地与诸葛亮争斗。最终，周瑜难遂心愿，痛苦、愤懑地喊出了“既生瑜，何生亮!”① 英年早逝。嫉妒之心害人害己，自己的不幸和他人的幸福会使嫉妒者痛苦万分。人生正确的选择是崇尚优秀而不嫉妒他人，把崇尚转化为对标先进的奋起直追、孜孜不倦的学习、脚踏实地的行动，用辛勤的汗水和聪颖的智慧去追赶生命中的美丽风景。生活中，我们要坚决克服嫉妒心理：（1）正确认识自尊心，去掉由个人私心支撑和助长起来的错误虚荣。（2）有自知之明，客观准确评价自己。要懂分寸、知长短、明进退，才能知人生。（3）胸怀大度，以学习心态看待他人之长之优。只要今日学习，明天你将拥有。

要做自己灵魂的摆渡人。当我们遇到挫折、困境时，怎样以入世出世感悟

① （明）罗贯中著，毕宝魁编著：《三国演义》嵌式阅读，现代出版社 2018 年版，第 358 页。

走出那片荒原，怎样以聪颖卓越智慧战胜“心魔”，是生活对我们的挑战。一生的滋味，酸甜苦辣咸，只有自己心里最明白。人生不是一场物质的盛宴大餐，而是一场灵魂的修养修炼。醉过方知酒浓，爱过方知情重，经历过才知生活的真实是什么样子。要学会默默地承受度过苦难煎熬，默默地抚慰消解伤口疼痛，默默地蔚然升腾内心力量，做自己的灵魂摆渡人，进行自渡。唯有熬过最艰辛的时光，“成长”为更好的自己，才能找到不易被发现“隐藏”着的那一座通往希望和光明的“桥梁”，才能在人生新的旅途中获得新生。能够战胜挑战、顺利完成自渡的人，要积极尝试帮助他人。因为，在帮助他人主动付出的过程中，能进一步升华我们对生命的深刻认知。

成功也是人生的重大考验。有些人经受了贫困、疾病等人生艰难困苦的考验，实现了功成名就。但是，他却没有经受住“富贵”的考验，没有居安思危，没有节俭内敛，没有严以律己，最终导致走向人生“下坡路”。一个人，要想始终站立潮头，就必须不懈修养，涵养正气、淬炼思想、锻造人格、升华灵魂。苍茫岁月，我们要具有斗争精神，在矛盾困苦中不断迎难而上，在大富大贵中永远谦逊前行，才能厚德载物，幸福一生。

生命不息，奋进不止。生理年龄，从来都不是一个人学习工作成长的障碍；永葆活力蓬勃向上的思想和智慧，才是一个人不断超越自我生理年龄、永远紧紧抓住“每一个今天”的强大力量。在2020年春新冠肺炎疫情肆虐之际，84岁高龄的钟南山在提醒他人“没有特殊情况，不要去武汉”的同时，自己却义无反顾地奔赴武汉“战役”第一线，成为疫情中的逆行者、共和国的脊梁，荣获共和国勋章。人的生命在于一呼一吸间，一呼一吸，吐故纳新。初生婴童之时，吸长呼短；中青年之时，呼吸均衡；老年之时，则呼吸功能逐渐衰退，吐故纳新渐次衰弱。这一切，是任何人的生命体所不能抗拒的。一个人的精神世界，也需要不断地吐故纳新，但人们在这个精神世界里却可以不断清除心灵的垃圾与黑暗，不断吸纳智慧和光明，并且随着年龄的增长阅历丰富体悟深刻而能够加速吐故纳新获得“高维高能”，展现出永葆青春活力的雄姿，生命永远年轻！人生不能走马观花、浮光掠影，要做自己生命的主人。我们无法掌握生命的长度，但可以充盈生命的质量。一个人无论年龄大小，活出人生的风采和价值，才是生命的真谛！

人的一生是长跑，是一条曲线，起点有高低。但愿条件好、起点高的人，一生的曲线不要向下走，不要自我满足、得意忘形，而是要摆正心态珍惜好的人生起点，鲲鹏展翅，翱翔天空，飞向蔚蓝，飞得更高，更加卓越，更加幸福；条件差、起点低的人，一生的曲线更不要向下走，不要自暴自弃、怨天尤人，而是要摆正心态以“有志者事竟成”的豪迈激情，不负韶华，向阳而生，倾吐一片丹心，挥洒一腔热血，“自信人生二百年，会当击水三千里”，成就美好人生！一个连初中都没有毕业的四川女孩李子柒（本名李佳佳），年少时遭遇家庭变故，吃尽苦头，后来凭自己的不懈学习、不懈创造、超越自我，开启了光辉岁月，入选《中国妇女报》“2019 十大女性人物”。李子柒是中国现实社会中一位经历了苦难磨炼后更加珍惜人生的造梦者，也是一位让梦想成真的积极进取的普通人，她让我们看到了普通人“劳作”带来的无限希望和生机。

第三，保持精神镇定。镇定是一个人的优良素养在言语、行为等方面的表现。面对复杂困难、困境，能够镇定自若、思维清晰，才能化解困难、走出困境。然而生活中也有人，或过于担心某事，或过于嫉恨某人，或听说与自己差不多的人升了职、发了财等，导致出现饭吃不香、觉睡不好、脑袋“停不下来”的精神高度紧张或抑郁状态。这时，如果不加以控制，为“心魔”所驭使，就会做出于己于人不利的言行，严重者会造成不可挽回的损害。因为，人在高度紧张、生气发火、抑郁无聊的情况下，思维就会混乱。这也是一些人在紧张慌乱、气盛心急、郁闷无助时做出的错误言行，非但不能解决问题，有时反而造成一失足成千古恨的重要原因。无论我们遇到什么复杂疑难矛盾情况，都应该镇定在先，解决在后。一个人只有在平心静气的状态下，才能具有比较理智、客观、科学的思维，才能准确把握矛盾问题本质，深入研究分析因果变化和发展规律，从而厘清思路、从容应对，稳打稳扎、步步为营。那么，我们如何有效减少紧张、减轻郁闷而保持精神镇定呢？

（1）确定适宜目标。物极必反，事必求中。生活中，不要妄求所谓的“过于完美”。追求完美和卓越，本无可厚非。但是，一个人如果不能正确认识自己和事物的内在本质规律，将自己的目标设定得“过高”，一旦达不到目标而失败，则常会导致精神失落，负面情绪爆发，会恐惧害怕甚至思想崩溃。因此，要注意把握目标的适当性、适度性、适宜性。恰当的目标，才是科学的指引。特别要警觉：德薄而位尊、智小而谋大、力小而任重，会使人进入危险的人生境地。

（2）把控科学节奏。如果不尊重事物发展从量变到质变的内在规律，忽视时机、节点的重要性，而一味地为某事、某人患得患失乱着急，若控制不好节奏恶性循环就会导致精神焦虑，严重者会丧失理智于己于人造成伤害。因此，要注意稳控情绪，把控好处理问题的时间节奏等，不能以自己的臆想去妄言妄行。

（3）多做自己喜欢的轻松活动。跑步、骑单车、游泳、滑雪等，可以有效地释放积压积聚的怨气、怒气。当人们中等偏上强度的运动量超过一定时间（一般为 30 分钟左右）时，身体便会受到刺激自然地分泌出更多的内啡肽（亦称安多芬或脑内啡，是一种内成性的类吗啡生物化学合成物激素，被称为“快感荷尔蒙”或“年轻荷尔蒙”）。内啡肽能使人有愉悦感，是天然的情绪舒缓剂，可以让人在心情不好时变得镇定。

（4）尊重他人的看法和习惯。我们不能因为自己对某事有这样的看法，就“想当然”地错误认为别人也都应该有这样的看法，不能以自己的喜恶去要求他人的喜恶。如：这件事应该这样做好，他怎么不这样做呢？我待他这么好，他怎么这么待我？这件事他做错了犯法了，怎么就没人管呢？有时，会非常气愤和悲伤、难过和羞耻。长此以往，自己的“心结”就会越来越多，就会心烦意乱，甚至咬牙切齿、极度烦躁。要正确认识：你是你，他是他，我们不能将自己的意志强加于他人。有些事情，顺其自然就是最好的选择，如果杞人忧天甚至强加干预，反而会害人害己。要理解他人不同的舒缓压力方式。心情不佳时，有人喜欢适当“赖床”睡觉（“不愿动”）释放压力，有人喜欢逛街购物释放压力，有人喜欢哭泣释放压力，有人喜欢唱歌跳舞释放压力。对此，我们都应该给予其理解、尊重和支持，而不能以自己的“臆想”待之。

（5）转换进入新环境。在原有环境里，自己会明知某事应该怎么样，但却管不住自己的脑袋而“糊里糊涂”。这时，非常需要到一个新环境中去，转移注意力，减少原有固定环境“气场”对自己思想意识的不利影响。去旅游，回归自然，回归“本我”，放飞心情，是个很好的选择，能够有效地减少思想疑虑和精神恍惚。卸下自己情绪的枷锁、精神的包袱，轻松上路，你会发现远方的天还是那么蔚蓝，路边的花还是那么美丽，你还是快乐的你！做掌控情绪的主人，不要因为人生中1%的不如意，去毁掉我们人生中99%的精彩。

生活中，我们可以根据具体情况，选择上述之一或几个方面的综合措施予以解决，保持精神镇定。

第四，坚持严格自律。管住自己，很重要。分布在从西伯利亚、阿拉斯加到格陵兰的北极圈内外的爱斯基摩人，捕狼的办法很好。在寒冷的时候，他们在锋利的刀刃上涂抹上一层新鲜的动物血。过了一会儿，血被冻住了，于是再涂抹上第二层血。冻住了，再涂抹，如此循环往复，锋利的刀刃就被冻血包裹得不露痕迹了。接着，爱斯基摩人就把刀插在地里，刀尖向上。狼对血很敏感，闻到血腥味就找过来，用舌头舔食带着冻血的刀。舔食的过程中，融化的血液就会散发出强烈的腥味，这刺激着狼越舔越快、越舔越猛。这时，狼嗜血如狂，自己根本没有发觉舌头被锋利的刀刃划开的疼，没有发觉到后来舔食的是自己舌头上的鲜血。到最后，狼更加贪婪，加快用力舔食，自己舌头上的血流了很多很多。结果是，狼耗尽力气倒在雪地里，爱斯基摩人得到了猎物。其实，人世间发生的事也是这个道理：让人眼花缭乱失去理智的，是外界的形形色色诱惑。而最终让人难以止步坠入深渊的，却常常是忘记了初心、不能自律而不断膨胀的欲望。

怎样做好自律？

（1）树立自律意识。傲不可长，欲不可纵。人的一生，会面对很多五彩斑斓、丰富多彩的诱惑，有时会出现一些眼花缭乱、令人着迷的歧途。这时，稍有不自明、不自律，就会误入歧途，更有甚者会人设崩塌、追悔莫及。而自律具有规范约束、把关定向、凝心聚力的强大内在力量。世界上，没有人可以在缺少自律的情况下，获得成功并不断保持成功。孔子“在陈断粮”，人生坎坷，但他“固穷”的胸襟和气度，不畏艰险，走出逆境，令人敬仰。

自律的人，重视道德约束，严守法律红线，不为不劳而获的非法获利所动，不去欺骗他人，不求一时暴富；注重人格修养，秉持诚信做人，不为攀比畸形的浮躁乱象所迷，不去妄追浮华，不炫一时荣华。大家都知道：人生在世，如果除去体能受到限制的童年和老年时期，那么我们只有短短几十个春夏秋冬。在此期间，人应该有愿景、有作为、有成就。而“愿景”“作为”“成就”的重要保障之一就是自律，就是“自我管理”。这种“自我管理”是伴随人一生的必修课。一个人一时一事严格自律容易，一生一世严格自律很难。但这种持之以恒的严格“自我管理”，恰恰是面对人生形形色色的诱惑，不为所乱，提升品格，增强修养，坚守定力的保障；同时也是面对世间惊涛骇浪的困境，毅然镇定，把准航向，奋力“划桨”，促进成功的力量。因此，我们要坚持自尊、自省、自励、自律，始终如一，永葆本色。

（2）保持意念专注。自律，首要的是管好自己的大脑。管好自己的大脑，最关键的是保持大脑中意念的始终专注。只有意念专注，才能聚焦，才能产生百折不挠的意志力，才能通过自我控制、自我约束力量激励鞭策实现初心任务。这里有个保持意念专注的好办法：详细分析工作中需要完成的各个事的优先顺序，然后按照这个优先顺序认真去做。这样，我们就能眼明脑清不恍惚，能从非优先、非重要的事情中抽出身来，确保有足够的精力和力量，集中完成我们的首要任务。

（3）培养良好习惯。自律，并不是被动地用规章制度“框框”来时时事事束缚、绑定自己，而是内心的自觉，主动地用自律的好习惯创造井井有条的秩序来为我们争取更大的从容不迫的自由和循序渐进的活力。要感悟人生，次第增进，养成拒绝低端庸俗快乐的习惯性本能，抵制形形色色诱惑，去除不良习气。当然，把自律变成一个人的良好习惯，需要有强大的动力，更需要在起初之时给自己设置一个高低适宜的门槛。近朱者赤，近墨者黑。要远离负能量多的人，避免自己受到不良影响。榜样的力量是无穷的，要虚心向优秀人物学习，学习他们进取的精神状态和良好的生活习惯。要持之以恒，一以贯之，使好习惯成为自觉行动，从而实现好习惯从人的意识到潜意识的“潜移默化”，实际上就是从起初刻意到最终自觉的升华。随着一轮轮好习惯的叠加形成，这个人的境界、修养将持续提升。

（4）把握言行得体。得体，一般是指言语行动得当、恰如其分。言行得体，表面上看是说话有数、着装雅静、举止大方，关键则在于有很好的人生涵养，实质是世界观、人生观、价值观有正确的“度”，能够正确地认识世间万事万物因果、正确地对待生命的真谛、正确地衡量生活价值标准。这就需要人们判断正反和好坏要正确、明白，否则就无法依其进行正确的考量，那就谈不上什么得体、自律了。行动选择要正确、明白，否则就会南辕北辙，那就更谈不上什么得体、自律了。生活中，常见的行动的显示就是一个人的说和做。关于“说”，不该说的坚决不说，该说的坚决说到位。关于“做”，不该做的坚决不做，该做的坚决做到位。如果“显示”不准，大脑“管不了”说和做，那也就谈上什么得体、自律了。在此，需要注意把握“判断”和“行动”的度：洞察有深度，说话求适度，待人要大度。

（5）借助他人和环境力量。有时候，我们不能自以为是、扬扬自得地过分相信自己能够做到自律。要善于借助他人、环境的优势和力量，帮助自己完成自律。借助他人镜鉴、督促、推着自己，借助环境刹心、静心、限定自己，进行必要的自律。

第五，建立大格局。格局是指我们对于事物的认知范围。不同的人，格局不一样，最后的结果也不一样。大千世界，不是每一个成功的人都拥有大格局，但拥有大格局的人常常更容易获得成功。

那么，我们应该如何建立大格局？

（1）取得正确认知。人与人之间格局的差距，从本质上来说是认知的差距。一个人的正确认知，是建立大格局的基础，是决定推动事物向什么方向、目标发展的关键。因此，我们看待任何事物，不能片面地以自我为出发点，要客观、完整、系统、深刻地去认知，这样才能得到正确的理解和认识，进而才能得到正确把握和驾驭事物发展变化的智慧。要想认知正确，尤其要注意：①从不同角度观察分析；②从历史的现实发展过程了解分析；③从矛盾运动的规律特点精心分析。分析中，出发点（善与恶、公与私）、思维方式很重要。正确的认知，来自学习思考，来自实践体悟，还来自高人指点等。

（2）形成正确思路。这里的思路，是指计划、路径、规划、框架、次第等。要根据已经取得的正确的认知，研究谋划能够推动实现预定发展方向（目标）的办法。不能只会“纸上谈兵”，停留于空想。

（3）精心着力落实。落实“思路”中的每一项“内容”。要注意：①聚焦重点，用80%的力，突破20%的重点。②运用资源，充分把握整合一切资源为己所用，形成合力。③拓展人脉，人是成功的关键。丰厚人脉，重在高情商。

（4）积极提升效果。一是用心接“地气”结合。马克思主义与中国革命实践的第一次“结合”飞跃，产生了毛泽东思想。只有接了“地气”，才更符合实际，才卓有生机。二是敢于在实践中创新。创新是活力的源泉，能驱动“大格局”绽放强大生命力。

岁月斗转星移，人生有时在顺境，有时在逆境。如何在顺境中戒骄戒躁，如何在逆境中迎难前行，这是我们每个人都回避不了的人生课题。解决这个课题，就需要把自己打造成一个积极、阳光、向上的“强人”。如何把自己打造成这样的“强人”？从内因上，就要在感恩原谅付出中涵养宽广胸怀，在人生不同“道场”体悟中培养良好心态，在取舍有“度”中保持精神镇定，在不忘初心中坚持严格自律，在提升认知中建立大格局。从外因上，就是要吸收自身以外的“正能量”持之以恒地给自己“充能”，认真学习领袖思想，潜心拜读经典文献，大力弘扬英雄精神。长此以往，“负阴抱阳”，身心就会产生源源不断的“刚健”力量，就会和谐发展，生生不息！

典型案例

1. 律师与“碰瓷者”的较量

某天上午，董某（律师）开私家车行驶在回老家的公路上。董某按正常车速在公路右侧车道行驶时，看到对面一对青年男女（事后了解是一对恋人，男为附近村的韩某，女为附近村的丁某）骑着一辆摩托车快速驶来。于是，董某主动放慢了车速，并稍微向右侧打了一下方向盘，车向右边移动了一点后继续向前。当双方并排行驶过后，骑摩托车的青年男女便将摩托车放倒在地上。丁某坐在地上说自己被董某的汽车撞了。韩某也气冲冲地指责董某的“不是”。董某从汽车后视镜看到，刚才从自己车旁呼啸而过的摩托车向前行驶了百十米后倒下，并且有人趴在地上。董某担心自己伤着了人，就赶快停下车，跑过来询问情况。他想：万一有人受伤，自己要抓紧送人去医院治疗。看到董某到来，韩某说话的音量就小了。丁某见韩某没力量没气势，她自己憋不住了，忽地从地上站起来，大声指责董某撞了自己，自己要落下一身病，要求董某赔偿10万元。

这时围观的人越来越多。董某问丁某：“伤到哪里了?”丁某说：“反正伤到我腿了，你得赔偿我10万元钱，你不拿钱别想走!”听到丁某这么说，董某想起刚才丁某从地上站起来时很利索，并没有疼痛的意思，便一下子想到自己可能被“碰瓷”了。这时，韩某、丁某又喊来了很多朋友来围观帮腔。有一个小伙子大声说：“哪有碰人不赔钱的道理？你开着宝马车那么有钱，怎么不赔钱？不讲道理?”董某向小伙子微微一笑，说：“赔钱和不赔钱，这与我开宝马车还是骑自行车没有直接法律关系。难道一个骑自行车的人，把路人撞死，因为不富裕就不该负法律责任了吗？这是同样的道理。大伙说说，难道开汽车的人就该赔骑自行车、骑摩托车的人吗？如果这样，谁还敢开车啊！赔不赔钱关键看责任，而不是看谁开好车，谁骑自行车、摩托车。”众人连说是、是。这时，有一个刚参加完管理区会议的村干部高声说：“没听说过开好车的人就该赔谁钱、给谁钱的法律。”小伙子听到后就灰溜溜地钻进人群不见了。

这时，丁某厉声说道："反正你撞着我了，你得赔我。10 万元不要了，给我 5 万元就行。要不你别想走。"董某有些恼怒，但转念一想，韩某、丁某毕竟都还是孩子（看着年龄不到 18 岁）。董某微笑着对韩某说："首先，我不是故意对你们二人怎么着。何况在你们骑车与我相向对过时，我为了预防你们受到伤害（开汽车的人与骑摩托车的人相撞，骑车的人是弱者，一般来说骑车的人受的伤害相对较重），主动规避风险，降低了车速，并向右侧行驶了一点，给你们多让出一些地方。然后，在两车相交时，我还特地留意咱们双方当时车辆距离情况，发现轿车和摩托车之间有一米多远。当我车向前走了一段距离后，我又特地看了一下后视镜，看到你们自己把车慢慢放在地上。我担心你们万一受伤就主动回来施救，这一切都说明我不但主动规避双方的风险，而且我还有爱心。怎么你还要我赔你们 5 万元呢?"这时，韩某小声说："反正你得赔我们，5 万元不要了，给 1 万元吧！要不别想走!"董某听后，沉思了一会儿，说："在法律上，过失伤害也是要负法律责任的，这没错。但关键是你要清楚，要看这个伤害的轻重程度，就是说要看伤害后果。如果没有造成什么伤害后果，我赔你什么?"这时，韩某和丁某刚才还非常高傲的头，慢慢地低了下来。董某进一步说："你若真想让我赔，那得看情况：一是我刚才下车时，我给我的车两侧用手机拍了照，正好这几天连着下雨我车很脏一直没洗，在我手机的照片上没有汽车被剐蹭的痕迹；二是你要想拿到我的钱，我们得一起去市里的大医院给你身体拍片子，等待医生做诊断下结论，你要真是骨头伤了、断了，我按规定赔你，法律规定赔你多少我一分不少都给你。还有，就是做慈善我从不吝啬，遇到有困难的我常会去帮助。但是，你们都是年轻人，应该用自己的青春、汗水、智慧、奉献去创造属于你们的美好明天。天道酬勤，幸福不会从天而降，你们年轻人要多努力啊!"众人听后，齐声说："讲得好!"一男一女脸红了，二人扶起摩托车骑着跑了。

2. 转观念、谨言行　避免矛盾纠纷

宫某为爱美女士，多次到胡某开的美容院做美容（宫某与胡某签了单，缴

纳了 22000 元美容费，服务期限 8 个月）。做了相关的美容护理 7 个月后，宫某的脸不但没有变美，反而时常隐隐作痛，两颊上的斑点更大了。宫某非常恼怒，想报复胡某——打算在自己的多个微信朋友圈里散发“胡某是骗子！胡某美容院讹诈客户”的信息。

正当宫某在家彷徨不定，琢磨着发还是不发那些报复胡某的微信内容时，其在外地某政法大学上大三的女儿郑某恰好有事回家。郑某得知母亲的思虑后，对母亲说：“你遇到事情，不能带着用‘怒气’支配了的情绪解决问题。要转变观念，谨慎自己的言行，合情合理合法地解决矛盾。否则，你不但事办不了，还会惹上大麻烦。”

郑某说：“前几年，某地就发生过美容院张某诉郭某名誉权纠纷案，人民法院最终判决被告郭某向原告开美容院的张某赔礼道歉；如果逾期不予赔礼道歉，则由人民法院在当地张贴判决书内容；被告郭某赔偿原告张某精神损害抚慰金 9000 元。”原来，郭某到自己居住的小区张某开的美容院做“美容祛斑”。做过三次“美容祛斑”后，郭某脸上的斑却越发严重，郭某多次找张某退钱，张某不同意退钱，为此二人发生了口角。郭某为泄私愤，就在自己的微信朋友圈里散发“张某是傻×”“张某美容是大骗局”“张某是用脏水自己勾兑的美容液”等明显带有侮辱性的不良言论。郭某在发微信期间，多次变换个人微信名和微信头像。在郭某发了上述文字后，张某的美容院明显受到影响，业绩迅速下滑。为此，张某找到郭某，要求郭某停止再向微信群发送那些不良言论。郭某不但不承认那些微信信息是自己发的，反而又换了微信名和微信头像发了很多“骗子产品”等不良言论。于是，张某向人民法院提起诉讼，要求郭某赔礼道歉，并赔偿损失。人民法院受理张某诉讼请求后，进行了调查。调查中，郭某否认发送损害张某名誉的侮辱性言论信息的“微信名和微信头像”是她自己。为彻底调查清楚该问题，经张某申请，人民法院工作人员依据有关规定，依法从深圳市某计算机系统有限公司调取了该账号的实名认证信息，经确认为郭某。进一步调查得知，郭某于某年某月某日变换了“微信名”，并在后来不使用该微信号，也退出了微信群。最后，人民法院裁判认为：名誉权是民事主体依法享有的维护自己名誉并排除他人侵害的权利。民事主体不仅包括自然人，也包括法人及其他组织。公民、法人享有名誉权，公民的人格尊严受法律保护，禁止用侮辱、诽谤等方式损害公民、法人的名誉。

宫某对女儿郑某说："那我就没有办法向胡某讨要说法了吗？这岂不白白吃亏！"郑某对母亲说："咱可以自己当面向胡某提出咱们的诉求，双方商量着解决问题。如果双方协商不成，咱可以请司法所领导给予双方调解。如果司法所调解不成，还可以向人民法院提起诉讼。"后来，郑某陪同母亲与美容院胡某进行了认真沟通交流，双方达成了谅解，胡某退回了宫某部分费用，并真诚表达了歉意。这个矛盾纠纷隐患得到排除，矛盾被化解在萌芽状态。

办案心得

观念影响命运，观念决定命运，观念改变命运。积极的观念，能使人积极向上、乐观豁达、锐意进取；消极的观念，能使人消极沉沦、悲观失望、畏缩不前。工作、学习和生活中遇到矛盾问题，既不能过于乐观、自以为是，不重视困难而"做白日美梦"；也不能情绪郁闷、怨天尤人，不主动想办法反而被困难吓蒙吓倒"破罐子破摔"。我们应该：冷观天边云卷云舒，头脑清醒理智；深刻系统检视，心中明亮如镜；虚心请教名师高人，充盈思路举措，从而客观梳理、认真分析、准确判断，得到正确的新观念、新观点、新行动指南！

历史车轮滚滚向前，从来不会等待彷徨者、懈怠者、自弃者。一个人有什么样的梦想、什么样的思想、什么样的精神，就会绽放什么样的精彩！

让我们：

用激情成就梦想，点燃我们生命中强大的内在力量！

为精彩奋斗，为绽放喝彩！

第九篇　真　情

导读

- 真情的含义
- 善待他人是人生的崇高境界
- 如何用真情化解矛盾

真情的含义

真情，通俗地说是指人们真诚的感情。人是有“七情六欲”的（一般来说，七情指喜、怒、忧、思、悲、恐、惊；六欲指人的眼、耳、鼻、舌、身、意的生理需求或愿望）。这是人们的正常心理反应，是本能，不需要学习就天生具备的。一个人不可能在任何时候都是理智的，大部分时间人的行为总是受自身感情、情绪的支配。矛盾双方之所以产生争执或冲突，除自身矛盾诉求急迫之外，其中还有一个重要原因就是当事人没能控制好自己的感情或情绪。感情、情绪人人都有，爆发、发泄感情、情绪是一种本能。但是，能够妥善控制感情、情绪则是一种本领，能够恰到好处运用真诚的感情、良好的情绪则是情商高的人拥有的高超处世艺术。

真情很重要。真情可以抵达一个人最敏感的地方——心灵。冰雪消融于真情。感人心者，莫先乎情。没有解不开的心结，久久为功，一定能够做到心灵契合。真情是有温度的，是一种良性的内心感应。“士为知己者死、女为悦己者容”，无不是在感觉、感受、感情上赢得共鸣并升华到一定程度之后的必然结果。要想打动对方，就要先动其心，打好“感情牌”。作曲家在灵感涌动时，才能谱写出华美的乐章；老师在学生产生兴趣、思维活跃时，引导启迪学生的教育效果最好。化解矛盾同样也是如此，在当事人怦然心动从而在情感上接受、观念上认同而敞开心扉时，是化解矛盾的最好时机。

清代康熙年间，大学士张英老家的府第与吴家相邻。吴家人盖房子想占用与张家之间相邻的空地，双方由此产生了矛盾纠纷，便到县衙打官司。于是，张家人写信告知张英。张英知道这件事情后，在家信中写道："一纸书来只为墙，让他三尺又何妨。长城万里今犹在，不见当年秦始皇。"张家人在接到张英回信后，便主动让了吴家三尺。吴家人看到张家如此大度，深受感动，也主动让了三尺，便形成了六尺宽的巷道，成就了历史佳话。"六尺巷"的故事反映了矛盾问题解决并不难，只要真情、诚心互谅互让，就能得到圆满处理。

善待他人是人生的崇高境界

善良代表着人生的崇高境界，像水一样能润泽万物。其中的"善"，是知行合一的一个字，包含着善心和善行。善心决定善行，善行升华善心。人生几十年乃至上百年，面对千百次名利诱惑，难免受"趋利避害"本性力量支配，迷失"善"的本性，内心深处进行"善"与"恶"的斗争较量。生活中，一个人为善去恶，那么周围的大多数人就能受到感召而回馈善的"因子"，这样一来其周围就会形成良性循环。长此以往，人生之"路"虽漫长，却会充盈美好温馨，如静水深流，"善举"行稳致远。

要用真情善待矛盾当事人。现实社会中的矛盾诉求人，大多数是弱势群体，他们有的有具体的物质利益诉求，但是也有一部分人只是"气不过""不甘心"。其之所以一再申诉，深层次的原因是其"心结"始终没有解开，还没有达到情感上接受、观念上认同。生活中，有些矛盾诉求人经常到有关部门反映问题，其实他们也知道自己的问题不一定能够得到解决。但是，到有关部门反映问题已经成为他们的一种"习惯"，说到某些问题的时候他们依然会情绪激动，甚至大吵大闹。这种常见现象从另一个侧面说明：我们的矛盾调处工作还有很多不足，在情感上与群众还有距离，没有主动给群众“解结”“顺气”，鱼水之情淡化，宗旨意识淡薄，缺少应有的善意、包容、真情。这就要求我们要善待群众，转变态度，改进作风，促进当事人“事、心”同步疏解。

要带着善意、友好、真情做工作，往心里走，往深里走，往实里走。人非草木，孰能无情？要想他人所想，真正尊重人、包容人、关心人，获得对方心理上的好感和信任，使对方主动敞开心扉，认同我们、欣赏我们、接纳我们，像温暖和煦的阳光照进当事人冰冷的心，使正确向上的观念在他心里渐渐生根发芽。日常生活中，能够善意待人、以情感人、以情动人的人，往往态度谦和，能充分运用善意和真情去拉近与当事人的距离，真心实意地帮助当事人分析、解决问题，逐渐获得对方的信任和依赖。有时，当事人的“怨气”消了、“心结”解了，相逢一笑泯恩仇，他会在沟通中逐步降低期望值、降低诉求标准，不再盲目对抗，从而实现问题的彻底解决。因此，我们要进一步树立“以人民为中心”的理念，拿出善意，用真心、真情去感化群众，赢得认可，赢得主动，促进矛盾问题解决。

而那些不懂得用善意和真情工作的人，往往态度冷漠高傲，高高在上或将自己置身事外，习惯性地回避、上交问题。对当事人的诉求嘴上答应得很好，实际上则一味拖延、不见行动，有时出现“小事拖大、大事拖难、难事拖炸”。这些情况只会让群众更加不满意，甚至有可能引发新的矛盾，导致群众在发生矛盾纠纷或表达诉求时，言辞“不好听”。这时，如果其情绪得不到有效疏解，甚至个别工作人员言行稍有不当，就有可能激化矛盾，造成现场失控。比如，某地信访局干部在接访过程中与群众发生言语冲突，对群众说“你给我滚出去”，在网上造成了不良影响，也使自己受到了处分。很显然，这名干部把自己放在了信访群众的对立面，这种做法既无法解决问题，也使自己变得被动，更影响了党委政府的形象。

如何用真情化解矛盾

第一，怀着“善心”开展工作。做人的价值，就是要活在责任和义务里。

爱岗敬业是职业道德的基础，也应当是每个人对自我的自觉要求。爱岗，体现在化解矛盾工作岗位上，就是要热爱这个岗位，坚定地扛起应负的责任，怀着“善心”做群众工作。“人民至上”，是我们应负的责任，也是一个人应有的善心。

生活中，一个人肩负起了责任，拥有了善心，心态才会放平、不浮躁。对待有纠纷解决诉求的群众，要“大肚能容、宽厚为本”，体现出度量、修养和境界，心平气和地做群众工作，切记不要斤斤计较个别当事人情绪冲动，语言刺耳，行为偏执等。要学做“海绵”，吸群众一腔怨气，多一份博大厚德，升华自己的人生境界。一个人，永远不要被情绪所左右，而是要把情绪和理智分开。人们常说：急脾气是性格缺陷，真英雄都懂得等待。言辞过激，有可能导致事后令人追悔莫及的严重后果。

古人说：“中和为福，偏激为灾。”《三国演义》中，张飞在得知关羽被东吴所害后，下令军中限于三日内制办白甲白旗，大军为关羽带孝伐吴。第二天，张飞手下大将范强、张达告诉他，三天内办妥白甲白旗确实有困难，请求张飞宽限几天。闻听此言，张飞大怒，让武士将范强、张达分别绑在树上，各打五十鞭，将其二人打得满口出血、遍体鳞伤。鞭打完后，张飞瞪着大眼手指着范强、张达说，“你们一定要做完，不然就杀了你们示众”。范强、张达二人受到这样的惩罚，心生仇恨，又听张飞说完不成任务就要杀死自己，便一不做二不休，先下手为强，在当天晚上趁张飞酩酊大醉熟睡之际，用短刀刺入张飞腹中，张飞大叫一声毙命，时年 55 岁。

在学习、生活和工作中，我们要收住脾气，心平气和地与他人进行语言交流。语迟则使当事人容易入耳且能听清听懂，容易形成使当事人尽快领悟、感应的“气场”，即语迟为贵。面对矛盾当事人这个弱势群体，我们要经常换位思考，深入了解其内心世界，给予其理解和关爱，把其视为自己的亲人、朋友，带着浓浓的善意和真诚书写化解矛盾的篇章。特别是，我们要主动走近、接近当事人，做到“面对面”，而不是“背靠背”，和他们拉家常，认真倾听他们的呼声，了解其实际困难，不摆架子，不打官腔，将心比心，消除与当事人之间的距离感、陌生感。这样，才能走进当事人的心里，与当事人携手去解决问题。

第二，坚持“耐心”解决诉求。有的群众不惜路途遥远前来反映问题，说明他的问题对他自己或家庭来说很重要，这就是“群众诉求无小事”。群众来访时，要认真对待，坚持“耐心”帮助他们。首先要弄明白群众的诉求是什么。这就像打靶，必须首先定位靶心，找准目标，才能气定神闲地瞄准射击。如果连靶心都没有找准，就盲目射击，那就失去了打靶的意义，即使打中了，也只是靠运气。有时候，群众由于文化水平不高或者情绪激动，往往把杂乱无章的信息一股脑儿陈述出来。在这种情况下，需要我们具有“抽丝剥茧”的功底和透过现象看本质的能力去分析研判。要剔除无效信息，找到问题本质，厘清群众真正想解决的问题是什么。找准了诉求，就要第一时间分类梳理，不要怕麻烦，要一件件、一项项地梳理，把能办的和不能办的，合理的和不合理的，合法的和不合法的都明确区分开来。要因案施策，对于不同类型的诉求，采取不同的解决方案。能够立即办的，就马上协调有关部门抓紧解决，不耽搁、不留尾巴；条件不成熟、暂时不具备解决条件的，要把不成熟的原因向群众解释清楚，让群众清楚知道该事项办理的标准和条件，并向群众表明态度，只要达到解决条件，一定第一时间帮助解决；诉求不合理、不合法而坚决不能办的，也要向群众说明理由，做好明理释法工作，决不可含糊其词，给当事人留下不切实际的幻想，这样不利于矛盾问题解决。

第三，秉持“诚心”温暖群众。诚心不是靠说的，重要的是通过行动来表达。人性中的坦诚是“诚”的最高表现。如果没有这样的坦诚，是不能打动人心的。主动真诚待人，关心他人，会使对方主动“撤防”以诚相待，这样才有利于思想的深入沟通交流。工作中，遇到的矛盾纠纷事项，往往都是难啃的“硬骨头”，解决起来困难都不少。我们只有真诚地急群众之所急，诚心诚意为群众奔走，为其解决难题、解惑释疑，让群众看到我们实实在在的行动，才能真正让群众认同我们。勿以善小而不为。矛盾诉求人大部分是弱势群体，在生活上要多给予照顾，为其本人或家人在办理低保、就业创业等方面提供适当的帮助，给他们送去温暖。对心理上受到创伤，对生活失去信心、思想偏执、心理扭曲的矛盾诉求人，不要有任何歧视，要积极做好思想工作，搞好心理疏导，帮助其树立正确的世界观、人生观、价值观，抛下偏执，转变观念，积极面对生活解决问题。在政策范围内帮助、救助当事人中的弱者，也是有关部门应该做的工作，有利于化解矛盾。

人们常说："画人画虎难画骨，知人知面不知心。"知人心难，征服人心、赢得人心更难。古代谋略家纵横家鬼谷子在《鬼谷子》"飞箝"篇中指出要用真情实意征服人心、赢得人心。春秋战国时期，燕昭王当了燕国国君后，为了消除内乱、振兴燕国，决定招纳天下英才。尽管燕昭王用了很多法子，却无人前来投奔，为此他很郁闷，就去登门拜访很有见识的老臣郭隗。郭隗摸了下自己的胡须说："招到现成的人才确实很难。我先给你讲个故事吧。从前，有位国君想用千金买一匹千里马，可三年过去了仍然一无所获。这时有个无名小辈自告奋勇说能买到千里马，国君同意让其试一试。那人花了三个月的时间打听到某户人家家里有一匹千里马。可是当他赶到那家后，发现千里马已经死了，于是就用五百金买了马骨回来。国君一看，五百金只买了马骨，脸上露出不悦之色。那人接着说：'我花这么多钱买马骨，实际上是向天下人表达你想买千里马的真情实意。'结果，不到一年的时间，就有人向国君献上了三匹千里马。"郭隗说完故事后说："国君如果真想求才，就先从我开始，大家看到我这样的都能被重用，那比我更有才的人就会争先恐后地来。"燕昭王认为言之有理，就给了郭隗优厚俸禄，并为其修筑了"黄金台"。果然，齐国的阴阳大师邹衍、魏国智勇双全的乐毅等都投奔了燕昭王。燕国因燕昭王真情实意"爱才纳贤"，一时人才济济。世间的微妙，在于人心。真情实意能成事。

典型案例

1. 真情关心"战友"　细心调解纠纷

某月某日，某镇成立了镇矛盾纠纷多元调处中心，张某任主任。

该中心成立的第二天，一个小伙子就找上了门。张主任一看，很眼熟，可是就是想不起他是谁，在哪儿见过。过了一会儿，小伙子随手一挽衣服袖子，张主任想起来了：这不是前段时间自己在某地与其他机关干部一起抗洪时，遇到的那个主动参加抗洪扛沙袋的小伙子吗？小伙子来反映的矛盾纠纷问题是：自己在某盐场干了 5 个月的活，老板王某应该发给自己 15000 元工资，可是已经拖了半年了，一分钱也没拿到。自己老母亲看病、孩子上学、买种子、买农药都急用钱，实在没办法了，便来请求镇矛盾纠纷多元调处中心帮助其要回工钱。随后的几天时间，张主任联系到了王某，与其站在做盐生意的角度，谈了这几年盐生意的艰难，特别是这两年台风带来的风暴潮给盐场造成了很大损失。同时，他们谈到了依法办事、诚信待人的重要性。张主任说，这 1 万多元钱对于公司来说是事，但不是大事；而 1 万多元钱对于这个小伙子个人来说也是事，但却是大事，影响老人看病、孩子上学等。张主任动之以情、晓之以理的真诚深深地打动了王老板，他拿出 15000 元给了张主任。这时，王老板突然问张主任："你为 15000 元钱操这么多心，小伙子是不是你家亲戚啊？"

张主任笑了笑说："不是亲戚，是'战友'，是前段时间一起抗洪的'战友'。不过，直到小伙子来镇矛盾纠纷多元调处中心请求帮助时，我才知道他的名字啊！"

2. 矛盾纠纷剑拔弩张　真情化解握手言和

2020 年某日，宋某到某镇矛盾纠纷多元调处中心，反映陈某拖欠自己货款问题。宋某业务受疫情影响，收入锐减，经营陷入困境，恳请矛盾纠纷多元调处中心，帮助自己向陈某追要欠款，否则自己家庭就承受不住了。

第二天，调解员老王把宋某、陈某邀请到调解室。刚刚坐到一起，宋某、陈某情绪就激动起来，剑拔弩张，现场气氛一度极为紧张。

为此，老王把陈某、宋某安排到单独调解室分别了解情况。陈某说："宋某给我发货时，总是缺斤短两，再就是经常把别人不要的质量不好的东西给我。现在想要钱，没门！而且现在受疫情影响，我的买卖也不好，我的货款也还要不上来呢!”老王说:“交易中的缺斤短两和质量问题,你在交易时当场指出来比较好。受疫情影响买卖不好,不是你欠款不还的正当合法理由。如果大家都以此为由不还欠款,那整个经济还怎么运行?如果你确实困难,应该和宋某好好协商,是否可以争取分期还钱。这样大家解决了问题、不失和气,今后还是生意上的合作伙伴。否则,要是真上了法庭,你不但要归还欠款,还要拿律师费、诉讼费。你不还欠款的事,如果让你的同行知道了,今后谁还愿意和你做买卖啊?而且如果法院判决后你拒不执行,就会被列入失信人名单,那你就得不偿失了。”接着,老王继续说:“做人,要学会换位思考,互相体谅、互相帮助,大家共渡难关,患难见真情,才会成为永远的朋友!不能大难临头各自飞,那今后还怎么交到朋友?怎么树立诚信的品牌?还怎么把企业做大?”调解员老王真情的话语,打动了陈某。陈某表示感谢老王的人文关怀,自己可以先付宋某 40% 欠款,同时就其余欠款可以与宋某签订分期付款协议。

调解员老王与宋某单独沟通:“你也理解理解陈某当前的困境,毕竟大家在同一个行业做买卖,今后还可能有生意上的合作。你有资金困难,那陈某也有自己的难处。大家同在一个地方生活抬头不见低头见,要体谅对方。最实际的办法是:先拿到一部分钱应急,后续再慢慢收回欠款。”宋某表示认可。

很快,陈某付给了宋某 40% 欠款,并且双方签订了分期还款协议书。

办案心得

真情暖人间,幸福你我他。真情如汩汩涌出的清泉,能慰藉躁动的心渐趋静谧;真情如缓缓升起的太阳,能融化冰冷的心渐起暖意;真情如姗姗而来的春风,能唤醒尘封的心渐萌希望。茫茫人生相逢是缘,要用尊重去对待,用善意去关爱,用真情去感化!

第十篇　道　理

导读

道理的含义

常见的不讲理、不依法的情形及分析

化解矛盾中，如何以理服人

道理的含义

道理，通俗地说是指道之理也，即是非曲直，因果逻辑。

常见的不讲理、不依法的情形及分析

第一，只讲自己“一面理”问题。

分析：只强调自己一方的理由，而不顾整体客观情况，以偏概全。

第二，“过去做这事没犯法、现在应该也没事”问题。

分析：过去没有这些法律法规政策，或有法律法规政策但适用时相对宽松。所以，看似过去“没犯法”。

第三，“我们到外地某市反映矛盾问题，让某企业给我们盖公司公章，外地就是由某镇长和公安派出所所长让他们盖的，你们也得这么办”问题。

分析：公司公章盖与不盖的决定权属于企业，这是我国法律规定的。任何人都不能以权代法。当事人不能以他人的错误做法来“要求”别人。

第四，“孩子反正是参加学校活动受的伤，学校就得全赔、管孩子一辈子”问题。

分析：要查清具体怎么受的伤及受伤的具体情况，进行定性、定量分析后，再调解解决。①

第五，“我要到上级反映矛盾问题，我就不信没人管”问题。

分析：有理走遍天下，无理寸步难行。

处理矛盾问题，要秉持公心、遵循公理。一个人，只有有公平、公正之心，才能“公”字当头、明辨是非，才能具有公平和公正、正义和正气的强大力量，处事公道，令人信服。尤其是从事矛盾纠纷化解工作的干部，必须坚决秉持这一点，才能使当事人心服口服、案结事了。

工作中，有时出现这样的情形：面对矛盾纠纷，有的工作人员只是就矛盾事项简单地做个记录，然后告知当事人自己已经知悉，随后将事项逐人转办，最后杳无音信，对当事人没有任何反馈；有的在矛盾事项办理过程中，对有关情况讲一半、留一半，故作高妙玄虚，不把相关政策要求、办理依据以及处理过程讲清讲透，造成当事人一头雾水，迷迷糊糊被打发了；有的在向群众作解释、讲政策时，不注意讲道理，不注意方式方法，做出一些无法兑现的承诺，或者过早透露一些敏感信息，使得后续工作极为被动，甚至激化矛盾。

以上情形启示我们，在矛盾化解过程中，要在晓之以理上下功夫，通过精准、有效、适度的倾听、交流、反馈，使当事人对有关道理等有清晰的认识，化解群众心中的焦虑、质疑，做到以理服人。

化解矛盾中，如何以理服人

第一，正确认识。正所谓“贤者以其昭昭使人昭昭”，想要以理服人，首

① 《民法典》第一千二百零一条：无民事行为能力人或者限制民事行为能力人在幼儿园、学校或者其他教育机构学习、生活期间，受到幼儿园、学校或者其他教育机构以外的第三人人身损害的，由第三人承担侵权责任；幼儿园、学校或者其他教育机构未尽到管理职责的，承担相应的补充责任。幼儿园、学校或者其他教育机构承担补充责任后，可以向第三人追偿。

先自己要明白秉持何理，对化解矛盾中的有关道理有清晰的认识和准确的把握，否则就是“以其昏昏使人昭昭”。这就好比课堂教学，教师如果对学生可能遇到的疑难困惑没有及早预判，没有事先弄清弄透这些疑难困惑，就会把课堂教学变成机械的“念课本”，起不到好的教学效果。矛盾化解工作也是如此。作为基层工作人员，在处理矛盾问题之前，自己首先要加强学习研究，做到胸有成竹。只有这样，对当事人动之以情、晓之以理，才能做到处理过程游刃有余，困难迎刃而解。作为从事矛盾问题化解工作的基层同志，平时要注意开阔视野，有全局视野、历史视野，能够通过生动、深入、具体的纵横比较和研究，把一些道理切实地掌握清楚。

第二，明辨是非曲直。现实中的矛盾纠纷，常常是“公说公有理，婆说婆有理”，因此辨别是非曲直就显得极为重要。灯不拨不亮，理不辩不明。探寻众人都信服的“公理”是一个过程，需要我们切实提高明辨是非的能力。对于他人所说的，必须进行验证，毕竟我们看到的和听到的不一定都是真相。要深入进行调查核实，对照现实情形加以验证，甄别其对错，这就是明辨是非的过程。只有明辨是非，才不会人云亦云，才不会被一些诱导性或者片面的说法“带偏”，才能真正算得上是一个成熟独立的公职人员。这样一来，我们就能走出“众口铄金”的怪圈困扰。生活中，我们要提高自身明辨是非的能力，以及进行深入思考和分析的思维能力，正确区分合理的和不合理的成分，成为一个“心明眼亮”的人。我们每天面临不同类型的问题，很多事情没有现成的经验可循，很多事情没有想的那么简单，背后的“理”错综复杂，有时难以分清。所以，在感到事情模糊不清时，就要静下心来厘清矛盾问题整个过程，多向他人请教，多开展调查研究，真正把化解矛盾问题需要厘清的道理辨明。

第三，讲清讲透道理。要耐心地向矛盾当事人摆事实、讲道理，把群众诉求中的合理成分和不合理成分区分开来，真正理清脉络、阐明对错，深入浅出地把政策讲清楚，把道理讲透彻，做到以理服人。注意方式方法，用群众易于接受的方式进行沟通，根据不同情形，把握好说话语气、分寸，切不可盛气凌人，避免激起当事人的“逆反”心理。要坚决彻底打消其极端幻想、臆想等无事实依据的“歪理”。尤其要注意，在向矛盾当事人讲解道理过程中，要心怀坦荡，守住公心，把道理讲得有根有据、翔实生动、入脑入心，让个别存有“执念”的当事人心服口服，知错而自退。沟通交流中，事拿准、理讲透，做到情要真、法有据，让群众感到我们是站在客观公正的立场上，没有偏袒任何一方，更没有回避矛盾问题，使其心平气和地接受调解意见、观点等，从而切实理解支持矛盾化解工作。

典型案例

1. 理让大家评　矛盾自然解

某地实行矛盾评议机制，就是通过设立矛盾评议庭的形式，把群众矛盾事项的处理过程、办理依据、化解建议“晒出来、大家议、大家评”。通过各方面现场公开辩论矛盾事项的“理”，使群众诉求所涉及的事实越辩越清楚，道理越辩越明白。通过矛盾评议庭公开辩论后，各方的“理”大家评，就容易统一、一致，公正、合理了，对于后续的化解结果各方都心服口服，矛盾自然也就化解了。

把握公平、公正、公开。矛盾评议庭正式开庭前 5 个工作日，在有关网站向全社会进行公示，将开庭时间、地点、评议事项等予以公布。矛盾纠纷当事方、涉及矛盾事项各方面代表、村居干部等人员，都可以报名。经批准后，可以参加现场矛盾评议活动。矛盾纠纷当事方、涉及矛盾事项方面代表、评议人员都有权在庭上讲清事实、摆明道理。矛盾事项评议结束后，要将评议结果公布，接受各方面监督。

注重广泛性、独立性、权威性。矛盾评议庭评议人员主要从有经验的矛盾调处干部、党代表、人大代表、政协委员、人民调解员、律师等人中产生，涉及亲属关系、利益关系相关人员不在本次矛盾评议庭评议人员选择范围之内。评议人数原则上为 5—9 人，必须是单数。评议人员作为矛盾事项中立的第三方，独立自主地开展现场评议工作，不受任何人的干涉和影响。评议人员在评议庭上有向任何一方提出现场问询、质询的权利，有了解矛盾纠纷事实的权利，有发表独立看法的权利。评议人员实行无记名投票，现场一人一票，按“少数服从多数”原则现场计票，确定评议结果并公开。矛盾评议，是一个多方参与、公平对话的公开平台，有效地提升了矛盾事项处理的透明度、公信力。同时，由于有矛盾事项所在村居干部、矛盾事项当事人亲属等一并参加评议，更有利于矛盾当事人解开思想“疙瘩”，转变偏执观念，接受评议结果和处理意见，真正实现案结事了、事心同解。

方某为某工地建筑工人。一次，方某不小心从正在建设的高楼坠地，当场死亡。后来，负责某工地的公司给予方某养母王某 85 万元赔偿金。原来，方某生母丁某在方某小时候已经将其送给了王某，并且办理了收养手续，后来丁某外嫁。现在，丁某得知方某工伤死亡后王某得到 85 万元赔偿金，便来到王某家，强烈要求给予自己 85 万元，说自己作为方某的亲生母亲有权利得到亲生儿子工伤死亡的 85 万元赔偿金。王某不同意丁某的要求，为此双方多次发生争执。争执不下，就一起来到某县矛盾纠纷多元调处中心。对于此项争执，县矛盾纠纷多元调处中心组织了矛盾评议庭进行评议。评议人员 7 人，其中 1 人在评议后期对众人说：“养子女与生父母之间的权利义务关系，因收养关系的成立而消除。”① 过了一会儿，7 名评议人员在矛盾评议庭进行了现场公开投票，计票结果：7 人全部同意王某获得 85 万元。评议结束后，村干部接着做了丁某的思想工作，最后丁某表示认同。

2. 精心辨明道理　化解彩礼纷争

某日，武某（男）到某市矛盾纠纷多元调处中心反映问题，要求为他主持

① 《民法典》第一千一百一十一条：自收养关系成立起，养父母与养子女之间的权利义务关系，适用本法关于父母子女关系的规定；养子女与养父母的近亲属间的权利义务关系，适用本法关于子女与父母的近亲属关系的规定。养子女与生父母以及其他近亲属间的权利义务关系，因收养关系的成立而消除。

公道：武某与门某相识相恋一个月后，打算结婚。按照农村风俗习惯，婚前男方需要给女方一定的彩礼金。因为武某家庭比较贫困，为了尽快结婚，武某向自己亲戚借款 4 万元，拿出自家积蓄 5 万元，于当月交给门某 9 万元彩礼金。彩礼金支付 2 天后，双方到民政部门领取了结婚证。10 天后，举行了婚礼。婚后一个多月，武某无意中听说门某婚前生活作风有问题。为此，二人多次发生争吵，并大打出手。门某一怒之下，跑回娘家居住，不再回婆家。此时，武某感到自己不仅被戴了“绿帽子”，遭到村民和朋友讥笑，还赔上了彩礼钱，自己家庭负债累累。武某越想越生气，于是就到门某父母家大吵大闹，并以恶言威胁门某父母，要求立刻离婚，全额退还 9 万元彩礼钱。门某家只同意离婚，但不同意退还彩礼钱。双方家庭因彩礼纷争不断，关系极为紧张。

得知武某来意后，市矛盾纠纷多元调处中心研究决定由 2 名有关人员组成专班，负责化解该矛盾纠纷。专班深入分析后决定：明辨是非，把握节奏，分步化解：

（1）尽量动之以情、晓之以理，劝说双方珍惜夫妻感情和人生缘分，互相谅解包容。

（2）如果双方不能和好，就要详细问明具体原因并分清责任。

（3）根据原因及责任，向双方讲解有关法律法规要求。

（4）做双方思想工作，互让一步，达成调解协议。

第一步，专班多次上门做双方的工作。男方思想芥蒂很深，态度坚定，坚决不同意和好。女方态度模棱两可。尽管没有达成和解，但双方都感受到了调解专班的真诚，愿意由调解人员给予调解。

第二步，专班先到男方家了解情况，然后到女方家了解情况。门某承认自己在与武某结婚前，确实和同学何某谈过一年多恋爱。门某说，自己谈恋爱是个人私事，没有必要向谁报告。但武某对此事看得很重。

第三步，专班人员研究有关法律法规，并向当事人解释。

第四步，做双方工作，沟通情理法。双方婚前感情基础薄弱，仅认识一个月就到民政部门登记，领取结婚证结婚。婚后，二人又仅共同生活了一个多月时间，就因武某恼怒门某与他人婚前谈过恋爱而夫妻反目，吵架分居。婚前彩礼4万元系武某从自己家亲戚处借来的，导致目前亲戚堵门要账，生活困难。根据《最高人民法院关于适用〈中华人民共和国婚姻法〉若干问题的解释（二）》[①]第十条第（三）项规定的“婚前给付并导致给付人生活困难的”司法解释，门某应当返还武某彩礼；但是，这里还有与第（二）项“双方办理结婚登记手续但确未共同生活的”不同情况——双方已经共同生活了一个多月时间。在本案中，有三个现实社会中普遍存在的问题需要考量：一是，男女双方离婚是男方提出的，其理由是“门某婚前生活作风有问题”，这里需要明确“生活作风有问题”和“青年男女谈恋爱生活在一起”不是同一个概念。二是，武某和门某双方已经登记结婚并共同生活了一个多月时间，现实生活中，男女双方“一婚”离婚后，如果分别“再找”各自的“二婚”对象时，一般情况下女方的名誉“损失”相对较大。三是，武某、门某纠纷中，女方门某在双方结婚时已经将部分彩礼用于置办嫁妆等，此部分彩礼现金已经转化为实物。专班在详细地讲明了上述道理后，又与武某和门某进行了反复多次沟通协调，男女双方觉得专班人员公平、公正，愉快地接受了调解。

调解结果如下：办理离婚手续，女方在转化为实物等的彩礼金部分扣除后一次性返还给男方。

办案心得

劈柴看纹理，说话凭道理。理不短，嘴才不软。有理走遍天下，无理寸步难行。要善于辨明抓准理，正确使用理，切实发挥理的作用。

---

① 《最高人民法院关于适用〈中华人民共和国婚姻法〉若干问题的解释（二）》第十条规定：“当事人请求返还按照习俗给付的彩礼的，如果查明属于以下情形，人民法院应当予以支持：（一）双方未办理结婚登记手续的；（二）双方办理结婚登记手续但确未共同生活的；（三）婚前给付并导致给付人生活困难的。适用前款第（二）、（三）项的规定，应当以双方离婚为条件。”需注意的是，该司法解释目前已失效。相对应的条文规定于《最高人民法院关于适用〈中华人民共和国民法典〉婚姻家庭编的解释（一）》第五条。

第十一篇　法　治

导读

法治的含义

如何依法解决矛盾

化解矛盾时，要高度重视情理法融合

化解矛盾时，如何走好“情理法融合五步棋”

法治的含义

法治，通俗地说是指根据法律治理国家，与“人治”相对。有健全完备的法律，是法治的基础。目前，我国已经建立起较为完善的法律体系，正在万众一心共同实践“中国之治”，发挥法治的引领和保障作用。“中国之治”是历史上从没有过的新型国家治理体系。“中国之治”的灵魂在于中国文化、中国精神，也就是中国人所固有的认知体系、思维体系和价值体系，它将为中国发展注入新动力，有力促进改革开放事业行稳致远。

当前，随着我国经济、社会发展进入转型期，社会各阶层的利益诉求发生了很大变化，各种利益诉求交织叠加，矛盾问题时有发生。化解这些矛盾问题时，需要科学有效地运用各种法律法规政策，让矛盾问题化解工作始终在法律法规政策框架内高效运行。

2021 年 1 月的一天，甲村村民冯某等人到某区矛盾纠纷多元调处中心反映，其长辈 50 多岁的老冯到甲村所属山上道旁野桃树上采摘野桃时不小心跌落，经抢救无效死亡，因此要求甲村村委会给予其 70 多万元的补偿。这件事已经发生一年多了，村委会置之不理。于是，冯某等人就来区里反映问题。冯某激动地说：“树是村委会的，人死了，村委会就得赔钱。”

驻区矛盾纠纷多元调处中心的程法官听了冯某诉求，通过远程视频向冯某所在镇矛盾纠纷多元调处中心干部进一步了解情况：发生事故的地方是开放式的山，同时村委会没有组织村民采摘野桃。况且，该村《村规民约》中也写道：严禁到山上损坏公共设施和花草树木，如有破坏自己承担一切后果。同时，在上山的路口也写了“严禁私自上山攀爬”告示牌。

接着，程法官与村民冯某沟通交流：“村委会是发生事故的山和树的管理人，其负有保障人们免受损害的安全保障义务，这没错。但其义务的内容，应该限定在管理人的管理能力和控制能力合理范围以内。该山是开放式的，村委会没有向村民个人开展采摘野桃子活动，野桃树本身并无安全隐患。如果以此要求村委会对山上的所有设施和树木进行围挡或采取其他防护措施，显然超过了善良管理人的注意标准。老冯是具备完全民事行为能力的成年人，应该能充分预见上树摘野桃子的危险，应该自己主动避免危险后果。从公序良俗方面来说，村民不应该私自攀爬野桃树摘野桃。《村规民约》和‘告示牌’也提出了不要私自爬山爬树的要求。这些要求，是村民的行为准则和道德规范，每个村民都应该自觉遵守，而不是任意践踏破坏。因此，村委会并没有违反安全保障义务，村民老冯自己作为一个完全民事行为能力人不遵守《村规民约》和‘告示牌’约束，不去规避攀爬野桃树危险，其造成的死亡后果与村委会没有法律上的因果关系，所以村委会不存在法律上的赔偿责任。”

说到这里，程法官看到冯某等人还有些懵懂，于是继续说：“当然，老冯这样离去，大家都很惋惜和痛心。实际上，这件事情的后果给我们提出了安全警示，今后大家都要注意安全。如果老冯去世后，你们家庭确实有困难需要政府救助，可以按照政策规定申请低保救济等民政救助。”这时，冯某说：“谢谢程法官今天这样用心耐心解释，我明白这件事情的道理了，我心服了！你说的民政救济，我不需要。因为，我开了一个小公司，一年还有几十万元的收入呢。”说完，解开了“心结”的冯某等人回家了。

如何依法解决矛盾

第一，培养良好的法律素养。具有良好的法律意识和法律知识结构，是对广大干部特别是矛盾化解基层工作人员的基本要求。矛盾化解过程中，有很多具体事项涉及法律法规政策条文规定等问题，特别是一些涉法涉诉矛盾问题，如果没有较好的法律法规政策基础，是无法解决的。所以，基层工作人员要着力加强法律法规政策的学习，树立公平公正、有法必依、执法必严的理念，引导群众遇事找法、办事依法、解决问题靠法，在全社会营造法治良好氛围。要全面学习掌握各类法律法规，切实树立起法治意识，在面对矛盾问题时能够从容地从法治角度思考问题，第一时间作出正确判断，为依法解决问题奠定良好基础。2020 年 5 月 28 日，十三届全国人大三次会议表决通过的《民法典》，是一部非常符合我国国情和实际，体例科学、结构严谨、规范合理、内容完整并协调一致的法典，将对我国法治建设产生深远影响，广大基层干部应当深入学习。

第二，增强依法判断能力。法律法规政策都是约束人们的规范性文件，其条文内容都是严格限定的，不能随意引用，必须符合相应要件才能服务于工作。正是因为法律法规政策并非“儿戏”，不论是公职人员还是矛盾问题当事人都必须接受法律法规政策的约束。这就要求基层工作人员在处理矛盾问题过程中，对相应法律法规政策条文的适用必须准确，做到办事依法、程序合法。对此，要深入分析矛盾问题中所涉及的法律法规政策问题，对其中哪些合法、哪些不合法，应该适用哪款法律法规政策条文、具体适用方法等作出准确的分析判断。对无法清晰界定的问题，不能“想当然”地急于给群众作出答复，否则容易让自己在后期处理矛盾时更为被动。要深入研究，借鉴相应案例，征求专业人士意见，作出合理合法的判断。

第三，深入浅出地与群众沟通交流。将矛盾问题适用的法律法规政策条文研究透彻、判断准确了，仅仅是开了个好头，关键是将条文中晦涩难懂的专业术语，变成通俗易懂的白话、通俗话与群众交流。这对工作人员的语言表达能力和沟通技巧提出了很高的要求。要想做好这项工作，必须练好这一功夫。在矛盾问题化解沟通过程中，要注重适当向群众讲解一些生动、鲜活、易懂、好接受的典型案例。

化解矛盾时，要高度重视情理法融合

矛盾化解过程中，情、理、法三者并不是孤立存在的，而是相辅相成的。合情是前提，合理是基础，合法是根本。

情理法的有效融合，蕴含了德治与法治相结合的要求。实际上，“情”和“理”多数是“德治”弘扬内容，当然其也蕴含着法治所向；“法”主要是“法治”要求内容，当然其也蕴含着道德规范。任何一部“法”，在制定时都认真考量了道德规范因素。因此，情理法三者是密不可分的。法安天下，德润人心。法律法规的有效实施有赖于道德支持，道德的践行更离不开法律法规的有效约束。工作、学习和生活中，我们要巧妙地实现情理法的有效融合，积极推动德治、法治在矛盾化解中相互补充、相互促进、相得益彰，提高矛盾问题化解的社会效果，真正做到案结事了。

中国古代政治家思想家对德治与法治相结合的治国理政方针，曾进行过深入的探索实践。尧舜时代政治家思想家皋陶为上古时期东夷部落首领，被禹选为继承人（其先禹而亡，未能继位），上古四圣（尧、舜、禹、皋陶）之一，后世尊其为“中国司法始祖”。皋陶长期担任掌管刑法的“士师（理官）”一职，主张“明于五刑，以弼五教”，就是使“五刑”处于辅助的地位，对于社会上有过激行为或凡有罪行的人要先晓之以理；对于不听教化的，再绳之以法。其强调法治和德治相结合，促进社会和谐，天下大治，形成“皋陶文化”。唐代是中国古代德治和法治相结合的典型代表，《唐律疏义》中写有“德礼为政教之本，刑罚为政教之用，犹昏晓阳秋相须而成者也”，要求“德主刑辅”，重视道德和法律的有机结合。

化解矛盾时，如何走好“情理法融合五步棋”

第一，树立情理法融合意识。坚决杜绝只注重单一方面作用的错误认识。

第二，了解矛盾基本情况。

第三，认真剖析辨明其中的情理法及其用度。要拿捏精准，运用有度。根据矛盾问题实际情况，区别对待。

（1）合情合理合法的，要积极协调有关部门解决好当事人诉求，坚决彻底地解决到位，不留下任何尾巴。

（2）合情合理不合法的，要向当事人讲明不合法的原因。同时，在不违背法律法规政策的前提下，做好合情合理的帮助工作。

（3）不合情不合理但合法的，要向当事人讲明不合情不合理的情况，然后依法解决。

（4）不合情不合理也不合法的，要旗帜鲜明地告知当事人坚决不能办理，切实解释到位。同时，要根据具体情况，妥善做好后续工作：

①如果当事人反映的问题是法律法规政策坚决禁止的，要耐心做好说服教育和解释工作。

②如果当事人生活确实有困难的，要在政策允许的范围内想办法给予帮助。

③如果当事人不听劝阻、一意孤行甚至“非访”的，发挥执法记录仪、雪亮工程等视频摄像监控作用，及时固定证据，依法依规处理。

第四，精心制定蕴含情理法融合的化解方案。制定的含有情理法融合的化解方案要精准发力，确保有的放矢、招招有效。

制定方案时，需要注意的问题：

（1）明确情理法融合的具体操作步骤（也就是“和”的路径）。建议：开始从动之以情去通心搭桥，从晓之以理去静心稳局，从用之以法去安心认可；最后，以法之力定大局，以理之正服人心，以情之暖获和谐。

（2）增强情理法融合的运用针对性和实效性。下实功夫，充分了解当事人的性格特点等个性，有利于我们把握和采用行之有效的方式方法，从而增强工作的针对性。要认真、细致地进行精准的定性定量，防止陷入个别当事人的逻辑“悖论”，从而增强工作的实效性。

（3）掌控情理法融合的推进化解节奏。要认真研究和把握当事人的心理动态变化规律，并主动顺应规律，掌控“火候”。特别是，要明察、拿准当事人在整个矛盾化解过程中的心理变化，适时加大或减小推进、化解力度。

第五，科学有序地实施既定方案。

2020 年 11 月 16 日至 17 日，中央全面依法治国工作会议在北京召开，提出了习近平法治思想。习近平法治思想内涵丰富、论述深刻、逻辑严密、系统完备，从历史和现实相贯通、国际和国内相关联、理论和实际相结合上深刻回答了新时代为什么实行全面依法治国、怎样实行全面依法治国等一系列重大问题。化解社会矛盾，要坚持以习近平法治思想为指导，坚持党对政法工作的绝对领导，坚持以人民为中心的发展思想，维护全社会的公平正义，努力创造让人民群众安业、安居、安心、安康的良好社会环境，建设更高水平的平安中国、法治中国。

鬼谷子提出人生悟道有四重境界：初为闻道，次为知道，再为见道，终为得道。

第一重境界：闻道，即听到了这个道理；

第二重境界：知道，即对这个道理有了初步认识；

第三重境界：见道，即深刻理解了这个道理；

第四重境界：得道，即得心应手灵活运用这个道理。

鬼谷子的悟道“四重境界”观点，深刻地阐明了人们以积极探索的心态去认识事物，不断领悟逐步深化、逐步提升，并有效指导实践的过程。它符合人们的认知规律，给了我们很多有益启示。特别是在一个又一个化解矛盾案例操作实践中，我们对“情理法”融合的认识和运用不断加深，这本身就是一个不断提升“境界”的过程。

典型案例

1. 发挥律师作用　依法化解矛盾

当前，矛盾问题诉求中一个突出问题就是个别矛盾问题当事人振振有词、情绪激动地索要巨额利益，干部唯唯诺诺、含混不清地搪塞应付，造成接待现场乱哄哄。为什么会出现这种状况？这是因为现场接待干部理不清、弄不明群众反映的问题所涉及的法律法规政策问题，因此和群众沟通交流时没有底气、不敢说、不会说，导致群众越说“理”越多、声音越大、情绪越激动，干部越说“词”越少、声音越小、心里越恐慌。

信心来自实力。干部现场接待面对群众的信心来自处理矛盾问题的熟练技巧，来自“情理法”的综合运用，更关键是来自干部对涉事法律法规政策的掌握和运用。接待干部不一定需要背熟涉事法律法规政策条文，但必须知道矛盾事项化解过程中的有关法律法规政策的大概定性、定量要求，为化解矛盾找到路径、依据，这样才能够做到得心应手、有条不紊。

我们现在所处的这个时代，是依法治国的时代，处理矛盾问题更要依法。而我们的一些基层干部，由于日常忙于频繁地接待群众，没有时间静下心来深入学习法律法规政策，对于一些专业知识研究不透；同时，由于矛盾问题当事人反映的一些问题常常涉及多个方面的复杂法律关系，非法律专业人士确实难以界定处理。这样一来，由于很少有“明白人”去面对、参与、化解矛盾问题，而只是由普通干部去面对，因此接待干部经常处于尴尬被动状态，甚至个别时候还因为一句话、一个词（长时间接待群众，在言辞中难免出现疏漏），被情绪激动的群众抓住了“理”使其处于危险境地。

要解决这一难题，应从以下方面着手：一是要加强基层干部特别是矛盾调处干部的法律法规政策教育培训，使之成为“行家里手”；二是充分发挥律师在化解矛盾问题中的作用。律师是法律的“明白人”。律师的工作行为更接司法实践的“地气”，律师的工作方式（说当事人所想）更容易被群众接受。因此，可以做好以下工作：一方面，针对来反映问题的群众，要聘请律师参与接待化解矛盾；另一方面，要鼓励引导矛盾双方在处理矛盾过程中分别聘请各自律师，由双方律师在法律法规定性定量基础上进行沟通调解。

前几年，笔者牵头成功化解了一起医患纠纷的案件。某乡村医生在给某村民治病过程中该村民死亡。该村民家属等多人到上级机关反映问题，情绪激动，要求该乡村医生给予其巨额赔偿。此时该乡村医生因病在外地医院住院治疗。为此，成立了工作组。工作组决定该矛盾纠纷事项处理从两个方面入手：一是由卫生监督管理部门牵头，由公安机关配合，由第三方机构进行尸检确定死因后依法处理；二是鉴于走依法鉴定、依法处理的时间较长、程序烦琐，便成立调解小组，尽快化解该医患纠纷。调解小组通过多种形式，首先做通了乡村医生家属的工作，由其聘请了代理律师，与死亡村民家属进行沟通。这时死亡村民家属提出："我们说不过那律师，全是他的理了，不和他理论了。"于是，调解小组的同志开始做死亡村民家属工作："人家是律师，你们当然说理说法都说不过他了，可现在是法治时代，不是说人死了值得同情，对方就能随便给几十万元。有理走遍天下，无理寸步难行。你们要是说出理来、说出法来，去向对方要几百万元都不为过，否则对方一元钱也不会出的。这样吧，你们也抓紧找个律师，帮你们把理和法讲清、讲透。"死亡村民家属一听，觉得很有道理，也迅速聘请了律师。此医患纠纷在双方律师的参与下，很快调解成功。

2. 盖房受伤花费互推诿　依法依规调解解忧愁

某日，阮某拄着双拐来到某市矛盾纠纷多元调处中心，诉求山某、甘某赔偿自己医疗费、误工费等。

原来，一个月前山某家盖房子，找来了他村的包工头甘某，约定"包工不包料"，包工费 23000 元。双方签订包工协议后，甘某找了 7 位建筑小工建房。甘某等人干了 2 天后，山某觉得雨季来临就要求甘某再加人手加快工程进度。于是，甘某从市劳务市场又找了 4 个小工来干活，阮某是其中之一。阮某干活的第二天出现事故，被搅拌机搅伤，住进了医院。起初，甘某为阮某垫付了

2000 元。后期，甘某以种种借口为由，不再给阮某垫付资金治病。无奈，阮某自己拿钱交了医疗费。此次阮某住院治疗，共花费了 13000 元。根据《社会保险法》第三十条规定，“下列医疗费用不纳入基本医疗保险基金支付范围：……（二）应当由第三人负担的……”因此，农村合作医疗不予报销该医疗费用。阮某自己支付 11000 元（甘某已经垫付 2000 元）。出院后，阮某打算向甘某和山某索要医疗费 13000 元和误工费 3000 元（20 天，每天 150 元）。为了索要上述费用，阮某多次找甘某和山某，但被一一拒绝。无奈，阮某来到矛盾纠纷多元调处中心寻求帮助。

接待后，现场干部也很迷茫，这个事故纠纷法律责任应该怎么划分？有个干部郭某说：“我同学是法官，我打电话问一下。”电话中，法官告诉郭某，根据有关法律法规规定，阮某和甘某是雇佣关系，应承担赔偿责任；但房主山某也应承担相应的责任，因为尽管山某不是阮某的雇主，但是山某却要求甘某“再加人手加快工程进度”从而使阮某在仓促时间内不恰当地成了雇工，使阮某置自身于一种“仓促时间内”不能充分享受优质劳动安全保护的危险境地而受伤，山某具有过错行为，应该承担相应的责任。

经调解干部多次与房主山某、包工头甘某、伤者阮某进行细致的说理讲法沟通、协调，达成一致协议：阮某在医院花费共计 13000 元，误工费 3000 元，两项合计 16000 元。由房主山某承担 4000 元，雇主甘某承担 12000 元。[①]

办案心得

情理法有效融合，解疑难心悦诚服。遇到难题不可怕，可怕的是束手无策。这个“策”就是好思路、好办法。人生长河，好思路、好办法来源于面对难题进行情理法深入思考和积极实践的好习惯。它能够使我们逐渐地从闻道、知道、见道到最终得道，实现从思想自觉到行动自觉的转化。这样，解决难题

---

① 《民法典》第一千一百九十三条：承揽人在完成工作过程中造成第三人损害或者自己损害的，定作人不承担侵权责任。但是，定作人对定作、指示或者选任有过错的，应当承担相应的责任。

时，就能将案结、事了、人和作为矛盾化解价值追求，以法为绳，以情感人，以理服人，集情理法于一体，实现情理法的有效融合。长此坚持，必有所悟、有所得、有所成，熟能生巧，运用自如，终将达到解决难题令人心悦诚服的最佳效果。

第十二篇　时　地

导读

有利时机的含义

化解矛盾，怎样抓住有利时机

把握有利时机，需要注意什么

地点选择的重要性

化解矛盾时，如何选择有利地点

化解矛盾利用有利地点时，需要注意什么

有利时机的含义

本篇主要是叙述时机和地点的选择对于化解（调解）矛盾问题的影响。

有利时机，通俗地说就是在对自己有利的特定时间产生的有利机会。时机的珍贵，就在于它稍纵即逝，来之不易；时机的价值，就在于它创造机遇，巧而胜之。在有利时机，做出决定、加大力度实施突破、发动进攻效果最好，能收到四两拨千斤、事半功倍的效果。攻坚克难中，在你强他弱时，如果你抓住了时机，那么成功取胜的概率会大大增加，取胜的成本降低；在你弱他强时，如果你抓住了时机，则能出奇制胜，以小博大，以弱胜强，以少胜多，变被动为主动，取得胜利；在双方力量相当、机会均等时，如果你抓住了时机，出奇攻击，就会增加取胜砝码。这里需要强调的是：特别是你弱他强时，抓住时机是指抓住对方暴露短板、弱处、最坏状态等的时刻或时段，最大限度地发挥、扩大、放大自己的优势，以我之长攻敌之短，从而彻底扭转被动战局，取得最终胜利。因此，时机的选择意义重大。有时，时机选择正确，对处理（调解）矛盾问题起着决定性的作用。

时机不成熟，就是在不适当的时间做某件事，结局会很糟糕。欲速则不达、强扭的瓜不甜、揠苗助长等就是时机不成熟的表现。

如果错失时机，后果将很严重。生活中，常见的失去时机情况：

（1）算盘打得过于精，面对到来的时机徘徊不定、犹豫不决。一天，一只狡猾的狐狸看到河对岸有几条鱼在地上活蹦乱跳。原来，渔夫从河里打上鱼后，有急事就匆匆赶回家了，而鱼则从渔夫的水桶里蹦了出来。狐狸很想吃鱼，可当它来到河边时却犹豫了：河水会不会很深淹死自己啊？可是不过河，自己怎样才能吃到鱼呢？狐狸就一直在河边走来走去，反复思考掂量这事。它太集中精力了，连猎人拿着枪来到它身后都没发现。结果这只狐狸就成了猎人枪下的牺牲品。现实生活中有很多“太精明的人”，遇到机会常常患得患失、优柔寡断，缺乏准确的判断力和胆识，错过了很多好时机。

（2）分不清性质愚蠢的仁，不分敌我、错失良机。春秋战国时，强大的楚国和弱小的宋国在泓水交战。这时，宋军已经先列好阵势，而楚军正在渡河。宋军将领目夷赶紧劝宋襄公趁楚军渡河队伍混乱时去攻击他们。宋襄公却强调说：“讲仁义的人，不能乘别人困难时去攻打。”当楚军过河后，还没有摆好阵势，目夷又劝宋襄公趁楚军阵势没列好就发动攻击。宋襄公却说：“讲仁义的人，不能攻击不成阵势的队伍。”当楚军摆好队伍冲杀过来时，宋襄公才下令还击。但宋军士兵少而弱，楚军士兵多而强，于是宋军大败。宋襄公受了伤，几个月后就死了。宋襄公讲仁义并没错，但是其在错误的时间、地点，对错误的人（敌人）施行仁义，是愚蠢的，丧失了有利时机，成为千古笑谈。

（3）决策机制不顺畅，贻误、丧失决策时机。面对矛盾问题，不愿意、不去担责，各级只讲困难、层层上报困难，不深入研究对策，不大胆决策，不担当作为，错失良机。

化解矛盾，怎样抓住有利时机

第一，要有善抓有利时机的意识。要充分认识时机的重要性，善于研究和利用有利时机。机遇总是留给有准备的人。“有准备的人”，一是有善抓时机的意识，二是有经过蓄谋并努力奋斗达到时机所需要的客观条件。要注意博学广闻，这样才能头脑清醒，善抓良机。比如，农民种地就得知道农时，明白“头伏萝卜末伏菜”这些关于“时机”的基本常识，才能适时耕地、播种、施肥、浇水。铁匠打铁就得知道“火候”，明白“红铁”的“火候”温度，及时将“红铁”从炉火中取出放在铁砧上一下一下有轻重、有节奏地“打铁”，将其打造成所需要的工具。生活中，我们要向优秀人物学习，提高善抓时机的能力。

第二，全面了解矛盾基本情况。

第三，准确分辨把握有利时机。

根据矛盾基本情况，敏锐把握矛盾发展变化趋势和方向，洞察预估“撬动”矛盾化解的规律和轨迹，从中科学预判有利时机，做到顺时而为、相机而动。“敏锐把握”“洞察预估”是选准时机的关键。这个关键，要着重以唯物辩证法中原因和结果、可能性和现实性、偶然性和必然性三大范畴作为指导。

化解复杂矛盾，常见的寻找时机方法：

（1）个别矛盾当事人因涉法诉求经济赔偿执行难长期得不到解决而多次反映矛盾问题，这时如果出现其他同类案件有好办法得以顺利执行赔偿完毕的，矛盾化解部门应该抓住有利时机向当事人释明，获得信任后将其问题导入法院执行程序化解。

（2）个别矛盾当事人诉求过高难以化解而多次反映矛盾问题，这时如果出现其恳求帮忙解决矛盾诉求以外的其他生活难题的，矛盾化解部门应该抓住有利时机在政策允许的范围内最大限度地帮助其解决难题，“暖心”增加信任并降低其过高预期后化解。

（3）个别矛盾当事人认为自己“很有理”多次反映矛盾问题，如果有律师或“高人”能找出、击破当事人依据的“事实”中有假或依据的“理和法”中有错误的，矛盾化解部门应该抓住有利时机聘请律师或“高人”做工作，使当事人失去所抓“稻草”化解。

矛盾化解，经常变的是不同面孔的当事人和纷繁变化的复杂事项，不变的是善于把握“火候”对“情理法”化解艺术的综合运用。矛盾问题并不可怕，可怕的是自己缺少对矛盾化解技巧的熟练把握。实践出真知。人生中，自己看明白、实践过、体悟出的道理最有效果，比听他人讲的要管用上百倍，其在不同时机、不同场景的操作应用，会更为机动灵活。

第四，抓住时机重拳出击。抓住条件具备、时机成熟的好机会，趁热打铁，迅速解决问题。

（1）攻其之不足。如拆穿、突破对方陈述的某项虚假情况、错误思维、错误法理，则对方思想瞬间会发生变化。

（2）用招要“有力”。化解矛盾（大多数是人民内部矛盾），不宜采用有负作用的毒招、阴招。而应当以采用能促成当事人“转变（领悟）”或“迫使”其进入解决矛盾的法定轨道的办法为原则。

（3）一鼓作气。要一气呵成，迅速解决问题。一旦拖拖拉拉，“药性”就会失灵，办法会失效。

把握有利时机，需要注意什么

第一，把握时机规律，决不能犹豫不定贻误战机。掌握规律再做事，运筹帷幄胜千里。若需速战则速战，出奇制胜。否则，战机稍纵即逝，失去获胜砝码，甚至会节外生枝，更有甚者有可能导致对方“反转”。若不宜速战，则拖延至时机成熟对我方有利时再战。赵括纸上谈兵的失败教训，值得深思。老将廉颇根据敌我情况制定了守城策略。后来，赵括搞“反”了，选择错误时机，指挥士兵出城主动与白起指挥的秦军作战，结果赵军大败。现实生活中有些事情、有些矛盾问题需要解决，但其时机不成熟，就有必要“冷处理”。冷静下来，有利于理性思考，准确判断；有利于认真运筹进行量的积累，最后实现从量变到质变，彻底化解矛盾。

第二，既要抓住本身固有的时机，同时也要创造条件制造时机。抓住本身固有时机问题，不再做叙述。“制造时机”是非常有必要重视和研究的。就如篮球比赛，如果队员一味地等待投篮机会，那么肯定一个球也投不进去。而与自己球队队员配合，互相创造条件、机会，这样就可以在运动、联动中扬长避短，抓住机会出其不意地发动攻击，将球投中。解决重大矛盾时，要创造条件，在对方处于情绪波动（高度兴奋、悲痛、急躁、紧张、彷徨、震怒）时，或在对方漏洞百出（刚愎自用、百密一疏）时，选择战机进行操作，效果最好。

发生在安徽寿县八公山下、淝水之上的历史上有名的淝水之战，就是制造时机以弱胜强、以少胜多的经典战例。当时，前秦皇帝苻坚率领大军浩浩荡荡南下，攻打南方的东晋。两军在淝水摆开阵势。那时，前秦的军队紧逼淝水而布阵，东晋的军队则无法渡过淝水。这时，东晋的大将谢玄派使者到前秦阵营对前秦的大将阳平公符融说：“您带领大军来到这里，却在淝水边安营扎寨，这是两军交战长久相持的办法。而您肯定是想速战速胜，您让士兵后退一下，我们过河后咱们双方再战不是很好吗?”这下正中苻坚下怀：自己先后退，让东晋士兵渡河到一半时，再攻击他们，前秦必胜。于是，前秦将领就挥舞军旗指挥士兵后退。由于前秦人数太多，大军后退有一个漫长的过程。这时，诈降在前秦队伍里的原东晋襄阳守将朱序则在前秦军队阵后大喊大叫：“前秦败了！前秦败了！前秦败了！”前秦士兵本来就在嘀咕纳闷不知道自己为什么要后退，再加上前几天前秦军队刚吃过几次败仗，心神不定士气低落，这时大家听到“前秦败了”的喊声传来，信以为真，结果即刻阵势大乱，兵败如山倒。东晋大将谢玄迅速抓住关键时机，马上率领8000多骑兵抢渡淝水，向前秦军队发起猛攻。符融骑着马被乱兵冲倒在地杀死。这时，失去主将的前秦士兵越发混乱，彻底崩溃，形成连锁反应，结果前秦全军大溃退。前秦皇帝苻坚受伤，逃回洛阳，从此前秦一蹶不振。淝水之战中，东晋军队创造条件、制造时机、抓住时机，出其不意，变被动为主动，化不利为有利，取得了最佳战果。

地点选择的重要性

地点的选择，对于化解矛盾同样意义重大。这里，主要是指化解矛盾过程中是不是利用了某个地点优势取得成功。

化解矛盾时，如何选择有利地点

第一，全面了解矛盾本质和规律。

第二，深入研究需要什么特点的地点（关键是重要特点）。

第三，认真选择能满足重要特点需要的地点。这个地点，要有利于发挥自身优势。

化解矛盾利用有利地点时，需要注意什么

第一，利用有利地点时，要采用能够最大限度发挥地点优势的“招数”。

第二，利用有利地点时，要采用综合措施放大地点优势。

第三，利用有利地点时，要掌握发挥地点优势的节奏。

三国时，曹操派夏侯惇率领10万精兵攻打势单力薄的刘备。这是诸葛亮辅佐刘备后面临的第一仗。诸葛亮利用博望坡地势优势调兵遣将策划组织了火烧博望坡之战，打败曹军。其胜在于：（1）赵云诈败引曹军进入狭窄道路，两边林木茂密杂草乱生，且起风后，用火攻，曹军很难逃生；（2）赵云返回攻打，刘关张从不同位置攻打，曹军在狭窄地带晕头转向而大乱；（3）烧曹军粮草，扰乱其军心。

除了利用地势影响外，还可以借用其他方面“势”的作用。

典型案例

1. 瞅准好时机诚沟通 抚养费纠纷顺利解

闫某（女）与燕某（男）于2012年结婚，2014年生育一男孩小燕。2016年，夫妻二人因感情破裂，达成离婚调解协议。其中，儿子小燕跟随母亲闫某生活，父亲燕某每月支付900元抚养费，直至孩子年满18周岁。调解协议书达成后，到当地人民法院办理了司法确认手续，第三天到民政部门办理了离婚手续。起初，燕某都是按时支付抚养费，但自从2017年7月起，燕某总是找各种借口，不予支付儿子抚养费。闫某与燕某纠纷不断，经常恶语相待。无奈之下，闫某赶到县矛盾纠纷多元调处中心寻求支持。

来到县矛盾纠纷多元调处中心后，人民调解员老李接待了闫某，问了下情况，看了原先夫妻双方签订的《人民调解协议书》。第二天，老李约请燕某来到调解室。老李对燕某说："你们签订的《人民调解协议书》，是经人民法院依法确认了的，具有法律效力。如果你不执行，人民法院可以强制执行。到那时，如果法官开着警车到你家里强制执行，你面子上好看吗？你作为孩子的父亲，给孩子抚养费，这是你应尽的责任。"

这时，燕某哽咽着说："我的孩子小燕很乖，是我爸妈和我的宝贝。原先，每天我从工厂下班回家，孩子都往我怀里跑。我舍不得孩子。现在，闫某挑唆孩子不和我们亲了。"老李听后，敏锐地感觉到应该抓住燕某现在说出与孩子感情深厚的有利时机，真诚地与其进行思想沟通，打"情感"牌，有效化解此纠纷。于是，老李对燕某动情地说："从你刚才的话里，我看得出小燕是个好孩子，你对孩子的感情很深。这叫父子情深，让我很感动。"接着，老李继续说："你们离婚后，孩子小燕由闫某照顾生活，时间长了，和你们生分些，这很正常。当然，也有可能闫某平常心里有气，跟孩子说些爷爷奶奶不好的话，你作为一个男人应该多包涵。你要明白，无论你是否与闫某离婚，谁也改变不了你和小燕的亲情血缘关系，谁也改变不了你是小燕亲爸爸、小燕是你亲儿子的事实。关于闫某设法不让孩子的爷爷奶奶和你接触孩子的问题，以及闫某有可能对孩子说爷爷奶奶和你不好的问题，我们人民调解员会动之以情、晓之以理地向闫某讲明，你就放心吧！”燕某听后，非常高兴。

很快，燕某按期支付了小燕的抚养费。同时，闫某也转变了思想认识，允许孩子的爷爷奶奶和燕某带小燕到公园等地玩耍了，一起纠纷就这样心平气和地解决了。

2. 换环境改心境　夫妻和好如初

村民石某因常年在外地一建筑工地打工，经常是春天走冬天回。其妻子姚某年轻漂亮，耐不住寂寞，与邻村经常赶集卖布30多岁的西某好上了。石某在外地工地上听到风言风语，就急急忙忙地坐火车赶回家。经打听，石某得知，妻子姚某一开始还和西某偷偷摸摸，后来发展到不背人了，经常有人看见大白天姚某到西某家中，第二天才回家。了解到这些情况，石某很苦恼，毕竟自己和姚某有一个5岁多的儿子，并且自己从内心里也很喜欢姚某。考虑再三，石某来到村调解员诸葛大叔（退休教师）家里。

诸葛大叔听了石某的“苦诉”，想了一会儿，耐心地对石某说：“我很理解和同情你的遭遇。遇到这样的事情，叫谁也都很烦恼、很生气。但是，光烦恼、生气有什么用呢？当前的关键是解决这个问题。在你辛辛苦苦外出打工挣钱时，你妻子姚某却在家做出了这样的事情，当然是不对的，这是毋庸置疑的。但是，作为丈夫的你，在这件事情上也是有责任的。”石某一听，生气地说：“大叔，姚某和别人干出这样的事，我哪有什么责任？”诸葛大叔微微一笑说：“你常年在外很能干，经常往家里给你妻子汇钱，这我听说过。但我还听说，你除了汇钱，平常连个电话都不往家里打，连个微信都不发。过年从外地回来，你从没有给你妻子买过女人喜欢的口红、丝巾等物品。这么多年来，我还没有听说过有像你这样不会关心妻子的常年外出打工的男人呢！人不是机器，一个人除了物质需求，还有精神需求，也就是心灵的慰藉。人的一生，母亲‘老娘’，是生我们养我们的人，需要的是儿女的孝心、孝敬、孝顺；而和你一样还很年轻还需要‘成长’的媳妇‘新娘’，需要的是你的呵护、保护、爱护。如果你只是给予‘新娘’物质上的充盈，而不能给予精神上的满足，是不够的。无论从物质上还是精神上，都要做有心人，用心去做。你想一想，你妻子姚某这些年得到过你知冷知热的关心了吗？你这方面做得称职吗？”石某听后，惭愧地低下头说：“你这么一说，真的感觉我不是一个称职的丈夫，她出问题我也有责任。”诸葛大叔接着说：“今后，你是否能够真切地挽回她，让她对你们的未来有信心，取决于你的灵魂蓝图的境界，取决于你的现实认知的提升，取决于你能否用‘真爱电熨斗’耐心、精心、用心温熨、熨平你们二人‘内心的结’。一个人，全身心把爱洒满自己喜欢的事、把爱洒给自己喜欢的人，就要懂得包容，就要从自己内心深处找到取之不尽用之不竭的‘爱的能量’源泉。这就是：大爱无疆，真爱无敌。”这时，石某不好意思地红着脸说：“大叔，您老足智多谋，得教我怎么挽回婚姻。”

诸葛大叔顿了一下，说：“当你在婚姻殿堂上，从姚某父亲手中接过她的手，挽着她走的时刻，她已是你生命中的人，你要接受她的一切。不但要接受她的美丽、接受她的温柔，更要接受她的不足、接受她的一时迷惑。要帮助她，牵着手领着她共同走出人生的困境！你现在必须改变：是她错了，应该由她向你道歉，由她主动维护婚姻的错误执念。你要勇于主动维护婚姻，拥抱幸福的人生！你现在必须放下自尊自矜的‘架子’主动和好，给她一些尊重、信任和安全，特别是不要强行随便检查她的手机。”诸葛大叔喝了一口水，继续说：“你下一步，要做好‘一交心三关心一贴心’。所谓‘一交心’，就是不要去指责她，而是主动和她说你自己对她关心照顾不足的话语。同时，也要表达你不计前嫌，并且要从精神上关心她的话语，让姚某自己在你对她的大度、原谅、付出中从内心深处感恩、感化、感悟，对今后她和你继续生活在一起有信心。所谓‘三关心’，就是关心她本人、关心你们的孩子、关心她的父母。因为无论她自己，还是孩子，抑或是她父母，在她生命中都是最重要的。你真心对她的呵护、对孩子的喜爱、对她父母的孝敬，能够深刻地影响和感染她。所谓‘一贴心’，就是把你们内心之间的小裂痕、小芥蒂在特殊的场景（一家三口单独幸福相处的环境）中渐渐弥合融化消解，并春风化雨催发新生，两颗心再次靠近，紧紧地暖暖地贴在一起。下一步你和在她生活一段时间后，与她带上孩子，到个新环境去旅游，不要怕花钱，共同感受人间亲情，温暖融化她内心的‘冰’。在你们三人世界的新环境中，改变她的心境。当然，如果你们一家人 10 天、20 天到大草原，或美丽的新疆，或雪域高原西藏，那么赶集卖布的西某也有可能在你们全家长时间外出‘欢乐’中知‘难’而退（西某得知你们一家人的温馨，会由烦躁而生恨生怨）。”石某一听，顿时来了劲头，说：“我马上就办。”诸葛大叔说：“你不要急，做这些事的时候，要注意把握火候和节奏。再就是，我最近瞅个时间与你妻子姚某谈一谈。”

后来，石某按照诸葛大叔所言，用心呵护姚某。一段时间后，姚某回心转意，也主动向石某表达了亏欠和悔悟之意。小两口体会到了婚姻的不易，更加珍惜爱情，互相尊重，互相信任，互相关心，和好如初。孩子也在幼儿园阳光可爱，健康成长！

办案心得

时来石为金，时去金如土。时机成熟时，要远离优柔寡断，机警敏锐地紧紧抓住，敢于担当，果断决策。时机不成熟时，要稳字当头，压得住急躁，耐得住寂寞，冷眼观局。当然，这里的冷眼观局并不是无所作为，而是应该：研究时机成熟时如何选准突破口，快速突破，扩大战果，赢得胜利；研究如何抓住“纲”，纲举目张，执本末从，取得全胜。要静下心来，从一件件关键小事做起，从一件件核心小事做起，有条不紊，积蓄力量，做到：只要“东风”来，“万事”已俱备！

第十三篇　舆　论

导读

舆论的含义

如何发挥好舆论在化解矛盾中的作用

化解矛盾发挥舆论作用时，需要注意什么

舆论的含义

舆论，通俗地说就是公共的言论，是指个人或团体在某个时间或地点，通过特定方式对某个行为公开表达的评论，是不同言论、意见、观点、看法的总和。“舆”的本义为“车”，也指“车上可以载人载物的部分”，又可解释为“众人的”。“论”即分析阐明道理、言论等。尊重舆论、发挥舆论作用有着悠久的历史。

秦朝末年，陈胜、吴广找人在夜里学狐狸叫“大楚兴、陈胜王”，借以鼓动人心。隋朝末年，李渊和裴寂密谋，让人在似玉非玉的石头上用小篆写上八个字，上为“天赐通灵”，下为“李姓万世”，将其装在石匣里，放在士兵取水处，后被发现，为李渊自身发展创造声势。这些都说明古人就很懂得发挥舆论的作用。

现代舆论的形成过程，一般是：（1）问题的发生；（2）意见的表露；（3）意见的扬弃和综合。舆论是社会时势的晴雨表，同时也是促进矛盾化解的有效手段之一。当社会上出现某一个新问题时，社会中的团体或个人基于自己的角度，按照自身的意愿和目的鼓与呼，自发地表达对这个问题的态度、观点、看法，并与持有此相关观点态度的人相互影响、相互传播，逐渐形成大家关注的社会舆论。新闻传播媒体是舆论传播的主渠道。

舆论的力量很大，能深刻地影响人们的思想和行为。古人说：“众口铄金，积毁销骨。”不良舆论，有时如洪水猛兽，能活活将人吞噬；好的舆论，带来光明和指引，能匡扶正义，推动矛盾问题处理（调解）顺利进行。

如何发挥好舆论在化解矛盾中的作用

第一，提高对舆论重要性的认识。化解矛盾时，要高度重视舆论作用，善于把握大势。要做到：(1) 化解矛盾前，因势而谋，超前研判，先入为主，确定舆论内容，引导舆论方向。(2) 化解矛盾中，顺势而为，敏锐感知，认真研判，择定舆论内容，引导舆论趋向。(3) 化解矛盾出现重大舆情事件时，应势而动，高度重视，科学评估，慎定舆论内容，引导舆论走向。做好上述工作，能最大限度降低负面作用，提升正面影响，让正能量更强劲、主旋律更高昂，促使矛盾解决。

第二，全面了解矛盾基本情况。

第三，认真研究化解矛盾过程中需要舆论引导的重点内容。发挥舆论功能，关键是将舆论作用于当事人的思想、心理，达到以正视听、征服人心的目的，这是“舆论战”的本质特征。为此，我们需要根据化解矛盾的内在需求，找准舆论引导的重点内容。

第四，根据舆论引导的重点内容需要，确定适宜的舆论载体和传播方式。舆论载体有：广播、电视、报纸、宣传车等传统媒介，以及互联网、微信等新兴媒介。舆论传播形式有：动员会、座谈会、新闻发布会等。

第五，细化矛盾化解各阶段、不同情况下舆论引导侧重点，增强舆论针对性、实效性。

（1）认真倾听。多渠道倾听“呼声”，掌握实情。

（2）精心筛选。综合研判，剖析各种“呼声”价值，筛选出有价值的、事关矛盾处理成效的重要信息。深刻洞察“呼声”内含的本质内容，将其隐藏难言的真实意见精心提炼出来，摸清其真实意图。要有“见之于未萌、识之于未发”的能力，及时预判预估。当然，这些功夫，需要日常用心修养修炼才能获得。

（3）再次沟通。进一步与当事人沟通，通过适宜方式请当事人确认我们择定的其“呼声”的真实性和精准性。

（4）研究对策。根据真实“呼声”，研究针对性强的解决对策。这里的对策，就是舆论引导的内容。而舆论引导的内容就是“舆论战”的硬核。这也就是人们常说的“内容为王”。所以，必须确保对策精准、有效。

（5）有效引导。认真考量采用什么舆论引导方式将对策反馈给当事人，才能达到理想效果。然后，及时回应当事人关切，做到精确指导。

化解矛盾发挥舆论作用时，需要注意什么

第一，主动作为。要主动担当作为，积极发挥舆论作用。对于容易产生负面影响的声音，拍板决策时要认真细致地分析研判，科学评估有可能产生的舆情风险，时时刻刻关注、收集、整理，慎重稳妥地进行舆论引导，将事后费时费力的被动处置变为事前科学有效的主动预防。这样一来，我们才能够积极应对，化解问题于小、于早，掌握舆论工作主动权。

第二，及时发声。随着微信、抖音、快手等新媒体的不断涌现，社会上各类问题都可以通过短视频的方式传播扩散，导致分秒之间形成的社会舆论压力巨大，时刻考验着有关人员把握舆论“火候”的能力。舆论的时效性很强，及时发声才能最大限度地发挥舆论作用，防止别有用心的人炒作。所谓及时，一般意义上指的是要快。而这里笔者想特别强调的是：舆论引导工作，有时需要像雷鸣交加的大暴雨一样铺天盖地，有时需要像绵绵柔情的春雨一样润物细无声。因此，要敏锐发现、精准把握矛盾化解的内在需要，来确定舆论引导节奏的先后、急缓、层次；要拿准关键时点，及时发声。对于已经明确无误的内

容，可以马上公开发布；对于正在调查且需要予以定性的问题，不要随意盲目表态。要用客观表述来展现我们所做的工作，争取当事人的理解，缓解对立情绪。坚决避免出现仓促发布的内容与后续调查的真实情况和问题定性自相矛盾的困窘，为后续工作留足空间。

第三，择定载体。舆论引导工作，需要适宜的载体。要根据舆论引导的实际内在需要，结合各类媒体的优劣势，认真择定适宜的舆论宣传引导媒体。当然，一项复杂的矛盾化解工作，通常不仅仅是使用单个媒体就能够一蹴而就，而是需要发挥各种媒体的优势，综合使用多种媒体。对于此项工作，需要我们精心洞察，细心把握，熟练运用。这就要求我们，平时有意识地多与各类媒体打交道，多了解各类媒体的工作方式，多熟悉各类媒体的运行机制，多与各类媒体中的翘楚交朋友，避免陷入“书到用时方恨少”的尴尬境地。不了解各类媒体中的“人和事”，就会在需要发挥其作用时一无所知、不知所措。要高度重视这几年兴起的微信舆论作用，宣传正确的政策、道理、意见等，及时以正视听。

第四，活用方式。要不拘一格、灵活应用舆论引导方式。化解矛盾之初，往往是各方思想、观点、诉求分歧较大之时。其突出表现，就是各方之间关系相对紧张，甚至个别时候互相对立。这时的舆论引导，要改变常规的大范围单向的灌输（向对方生硬地传输）方式，而应当以各种灵活舆论引导方式答疑解惑。这样，有利于缓和双方对立情绪。要坚持易于被当事人接受、利于取得实效的原则，主动实现从高大上的舆论宣传到与矛盾方平等对话的转变，积极与矛盾方进行友好、温馨沟通，详细深入地向当事人解释其极为关注的问题，推动对话逐步走向深入，增强彼此的理解和信任，从而就矛盾中焦点问题达成共识，实现增希望、强信心、暖人心的目标。同时，要擅长创造良好的小舆论氛围，使舆论引导工作更接地气，更有色彩，更有温度。有时候，良好的小舆论氛围对于促成矛盾问题化解，会更有针对性、更直接、更高效。前几年，某市调解了一起涉及死亡赔偿纠纷的矛盾问题，就是在矛盾调解进入艰难阶段主动邀请了有关邻村干部做工作，形成了特定范围小舆论氛围，对于矛盾当事人思想转化（领悟）起到了很好的催化作用，促进了矛盾问题的顺利解决。

第五，畅通机制。注重建立畅通的舆论引导信息传输机制。发生重大群体事件时，常常各种舆论、信息满天飞。这时，要注意保持对内、对外信息畅通透明，及时准确引导舆论，有效压缩别有用心之人炒作的空间。这时，如果化解工作专班内部信息过多而外部信息过少，就有可能出现小道消息广为流传，稍有不慎就有可能被别有用心之人歪曲解读，造成公众不明真相而混乱。如果社会上信息过多而化解工作专班内部信息过少，那么社会上的信息就会在化解工作专班内部通过各种方式流传，导致化解工作专班内部人员不明就里、自乱阵脚。所以，我们要把握好舆论的公开透明，平衡化解工作专班内部和社会舆论信息的分布，明确主管部门，声音一口对外，确保权威性，最大限度压缩炒作空间，减少负面舆论、负面信息对化解矛盾的影响，为顺利化解矛盾创造良好的舆论氛围。对于在重大案件处理时，故意混淆视听，发布恶意言论，造成恶劣影响的，要旗帜鲜明、敢于亮剑，依法追究其应负的法律责任。

化解矛盾中，必须坚持党对舆论宣传工作的领导，发出公平正义之声。

典型案例

1. 闹离婚争房互不让　“小舆论”发挥大作用

俗话说：男大当婚，女大当嫁。2013 年 5 月，父母为自己唯一的儿子龙某在某小区购买了一套房子。房子总价 90 万元，首付 30 万元，其余 60 万元办理了银行按揭贷款，分 20 年还清，月还款 4200 元左右。2014 年 6 月，龙某与刘某登记结婚。婚后，住房按揭贷款由小两口偿还。2018 年 7 月，龙某、刘某因感情破裂（无子女），准备离婚。这时，刘某以自己无处居住和自己身为女性应多给予保护为由，提出二人现有住房归自己所有，并给龙某部分补偿款。对此，龙某坚决不同意。

刘某来到某市矛盾纠纷多元调处中心，要求给作为弱者的自己主持公道，将房子协调给自己长久居住。某市矛盾纠纷多元调处中心决定由本中心周科长牵头协调处理。周科长接到任务后，认真学习研究了有关法律法规。接着，周科长将龙某单独约请到本中心调解室，详细听取龙某意见。龙某说："这房子是我父母用一辈子攒的辛苦钱交首付买的，我怎么会给刘某呢?"过了一天，刘某来找周科长，说："我和龙某过了4年多，整天吃苦受累。房子是他父母花了积蓄交的首付，我给他首付补偿不就行了吗？这房子我住了4年多，已经住习惯了，再说我是一个女人，你们要保护我，不要叫我离开这房子。"

在分别了解了双方的基本态度后，周科长专门向律师请教了有关法律法规政策的具体适用问题。第二天，他将龙某、刘某约请到一起，对二人说："你们二人现在都争这套房子，我理解你们每个人的心情和想法。但房子只有一套，那怎么办?"龙某说："刘某能放弃房子就放弃，不能放弃就按法律办，我听法律的。"刘某低着头，没说话。周科长接着说："你们二人争房子，有两个核心问题：一是如果都争，房子归谁？二是取得房子的一方，如何补偿另一方，也就是给另一方多少钱。"龙某、刘某同时说："你说得很对！"周科长接着说："关于这两个问题，这里我首先和你们一起学习一下有关法律法规。《最高人民法院关于适用〈中华人民共和国婚姻法〉若干问题的解释（三）》① 第十条规定：夫妻一方婚前签订不动产买卖合同，以个人财产支付首付款并在银行贷款，婚后用夫妻共同财产还贷，不动产登记于首付款支付方名下的，离婚时该不动产由双方协议处理。依前款规定不能达成协议的，人民法院可以判决该不动产归产权登记一方，尚未归还的贷款为产权登记一方的个人债务。双方婚后共同还贷支付的款项及其相对应财产增值部分，离婚时应根据《婚姻法》第三十九条第一款规定的原则，由产权登记一方对另一方进行补偿。"听到这时，刘某站起来激动地说："这房子不能给龙某。国家有法律保护我们妇女的权益，这房子得给我。"说完后，刘某号啕大哭起来，一场调解不欢而散。

---

① 该司法解释目前已失效。相对应的条文目前规定于《最高人民法院关于适用〈中华人民共和国民法典〉婚姻家庭编的解释（一）》第七十八条。

很快，周科长将调解进展情况通报给了刘某娘家所在镇副镇长明某。明镇长决定发挥村干部及刘某娘家人的“小舆论”作用。经过一番准备，村干部及刘某娘家人等众多人一起和刘某沟通：“你和龙某的房子问题，既然法律法规规定那房子归龙某，那咱就得按法律法规办。当然，你说到法律是保护妇女权益的。对，这没错。但是，你要明白，法律保护的是妇女的合法权益，而不是我们自己认为的所有权益。当然，咱们村永远是你的家，你想回来住，我们随时欢迎你!”村干部和刘某娘家人“打造”的依法依规、和谐温馨的“小舆论”环境，终于感动了刘某。刘某表示，愿意继续与龙某就后续问题进行谈判。

过了几天，周科长把龙某和刘某又约请到一起。刘某说：“看来房子得归龙某了，那他要给我补偿，这几年房子还涨钱了呢!”龙某说：“给钱可以，但也得按实际情况办。从买了这房子，就开始跌钱。这不，去年才开始涨，还没涨到原价呢!”看到关于房子的归属问题基本解决了，周科长说：“我看这样，咱们一起慢慢梳理一下：关于房子首付款归属法律规定很明确，就不讨论了。现在，关键是你们结婚后的房子银行还款怎么分？你们算一下，到现在为止，你们二人还了银行多少钱?”刘某说：“20 万元左右。”龙某也微微点了一下头。周科长说：“一人一半，10 万元。这样吧，房子这几年确实没涨价。按照法律法规，龙某你应该给刘某 10 万元左右。但是，考虑房子里边还有很多过日子常用的东西，刘某无法将其一一带走。还有一个问题，就是一个女人跟你辛苦过了这几年不容易。你给刘某适当补偿，怎么样?”龙某说：“这么办，可以啊!”刘某也表示同意。

第二天上午，龙某、刘某双方签订了《人民调解协议书》，并到人民法院办理了司法确认手续。一场矛盾纠纷，就此圆满化解。

该矛盾化解工作，通过精心打造的“小舆论”氛围，入脑入心地做好了一方当事人的思想工作，真正做到了“事心同解”，收到了很好的社会效果。

2. 营造良好氛围 促进和谐征收

征收是一项重要的民生工程。同时，征收工作也面临着大量涉及房屋征收补偿的复杂问题，是基层工作中的难点。某地在整个征收工作中，以“和谐征收”为中心，坚持“不与民争利、阳光征收、群众工作法”三个原则：（1）坚持“不与民争利”原则，站在整个项目建设开发的角度算大账，让群众得到依法应得的实惠。（2）坚持“阳光征收”原则，做到政策阳光、监督阳光、操作阳光、结果阳光，使征收工作始终在阳光下进行，确保公平、公正、公开，让老百姓放心。（3）坚持“群众工作法”原则，充分考虑群众意愿，全方位为群众服务，让群众真心支持征收工作。特别要充分考虑生活困难群众的实际情况，及时帮助他们解决实际困难，既维护政策的刚性又体现人性化的关怀。

在遵循上述“三个原则”征收过程中，该地坚持党的领导，充分发挥党的思想政治工作优势，重视舆论，突出舆论宣传的思想引导作用。

（1）成立征收指挥部，多次召开专题会、调度会等，及时研究解决征收过程中发现的问题、应决定的事项，完善政策，制定措施，并将征收实施方案、安置办法以“明白纸”形式发放到每户，做到家喻户晓，迅速形成了群众受益的舆论氛围。

（2）将“确定评估机构、房屋摸底、价格评估以及未登记建筑认定处理结果、主动征收奖励明细”等细节，按步骤在征收现场予以公示，并创新推出和谐征收微信公众号等新兴舆论载体，及时公告各类征收信息、为群众答疑解惑，切实维护群众的知情权和参与权，让群众心里踏实，在征收户中形成了公正征收的舆论氛围。

（3）指挥部全体工作人员入户、村干部入户、发动朋友圈人员入户、邻村征收积极分子现身说法入户，坚持以情感人、以理服人，帮助征收户解开“心结”，一次不行就两次，两次不行就三次，形成具有极大感染力的“小舆论”氛围。

整个征收工作圆满收官，实现了“零事故、零纠纷、零上访”的目标。

办案心得

好舆论惩恶扬善，正能量光耀天地。舆论的力量很强大。正面积极舆论，能匡扶正义，激浊扬清，正气充盈。负面消极舆论，能混淆视听，造成人心浮动，邪气横生。所以，要重视舆论作用，掌握舆论规律，引导舆论方向，使公平公正、健康向上的正能量光耀天地！

第十四篇　组　织

导读

组织的含义

我们如何选择其他组织化解矛盾

选定其他组织后，我们如何交办任务

交办任务后，我们需要注意什么

组织的含义

组织，通俗地说是按照一定的宗旨和系统建立起来的各种团体。它是人们群体活动的主要形式，是人的社会性的体现。机关、学校、医院、军队、企业、群众团体和科研院所等，都是常见的组织具体形态。随着经济和社会发展，诸如志愿者组织、专业协会组织、社群等新的组织形式应运而生。

组织之所以产生，是因为其能够满足人们交流学习、成长成才、干事创业等种种需要。人的需求多种多样。多数情况下，单独个体无法满足人的某些特殊需要。于是，出现了人的群体活动。群体活动时，在人与人、人与团体的互动过程中，人们有着各自的爱好、利益、意见等，这时就会形成一定的关系，有时还会出现一些激烈矛盾。在协调不同人或团体行为解决矛盾的过程中，会逐渐形成一定的惯例和规则。当这些群体活动形成了某种相对正式、稳定的社会实体后，这时组织就出现了。

现代社会中，组织无处不在。人一生中的大多数时间，都是在各种组织中度过的，相当多事情都是依托各种组织办理的。组织影响着人们的人生追求和生活质量，影响着人们的思想观念和具体行为。对大多数人来说，对其影响最大的一般是各级党政组织，这些党政组织承担着服务群众的主要职责，发挥着接收和解决群众诉求的主体作用。

处理（调解）矛盾问题，要充分发挥各级党组织的领导作用。2020 年 7 月 28 日，中共中央政治局委员、中央政法委书记郭声琨在第五次新时代政法工作创新交流会上强调，要坚定不移走中国特色社会主义社会治理之路，善于把制度优势转化为治理效能，总结推广疫情防控中的成功经验，加快推进基层社会治理现代化。① 因此，我们在化解矛盾、推进基层社会治理中，要切实加强党的领导，坚持和完善共建共治共享社会治理制度。要创新市域社会治理现代化，提高市域社会治理系统化、社会化、精细化、法制化、智能化水平，努力建设人人有责、人人尽责、人人享有的社会治理共同体，探索具有中国特色、市域特点、时代特征的社会治理新模式，推动平安中国、法治中国建设迈上新台阶。推动关口前移、“重心”下移，认真做好基层网格化管理服务组织建设，整合各方力量和资源集中向城乡一线基层治理新格局“发力”，切实健全落实矛盾排查化解机制，从源头、传导、转化等关键环节着手，将各类矛盾问题化解在基层、化解在萌芽，努力使市域成为社会矛盾的“终点站”。

在网格化管理服务组织运行过程中，要建设集数字化、网络化、智能化于一体的社会治理网格化指挥中心（平台），通过矢量图、热力图、聚合图等直观的方法进行调度协调，设信息汇聚中心（社会治理结构化和非结构化大数据的汇聚、建模、分析、展示、运用）、流转处置中心（社会治理网格事件的上报、分派、统计、监督、考核）、指挥调度中心（社会治理网格事件的指挥调度和协调解决）、分析研判中心（社会治理网格大数据的深度应用、基于模型的社会治理行为分析研判）。要科学划分基础网格和专属网格，选拔培养一大批优秀基层网格员，搭建网格化社会治理大框架，为新时代社会治理注入新动能。这其中，要注重：（1）加强网格员培训，提升化解矛盾的技巧和水平，使

① 《郭声琨在第五次新时代政法工作创新交流会上强调善于把制度优势转化为治理效能 加快推进基层社会治理现代化》，新华社，2020 年 7 月 28 日。

他们能够更好地提供精准化、精细化的管理和服务。（2）保障网格员政治经济待遇，充分调动网格员积极性，切实发挥他们的作用。近年来，山东省东营市成立了市县社会治理网格化服务管理中心，将“千条线”纳入“一张网”，把解民忧纾民困暖民心真正落实到了“最后一公里”。

某地网格员为民解忧、化解矛盾案例：

（1）在日常入户走访中，网格员得知两个村民发生了口角。原来，张某承包了李某的9亩地，签订了5年土地承包合同，双方约定租金随每年小麦、玉米行情浮动。今年，李某想上调租金，张某坚决不同意。李某提出，双方一开始签订土地承包合同时，没有涉及该土地上的水井问题。李某说，若不上调租金，今后就不给张某使用水井了。多日来双方协商未果。可是，很快就要过播种期了，而张某、李某还没有达成一致意见。网格员心想：不能耽误农时，不能影响邻居间的和睦团结，自己要想办法化解这个纠纷。在学习了有关法律书籍、电话请教了自己的律师同学后，网格员邀请张某、李某到村会议室进行调解。从解释法律法规到分析双方合同的相关条款，再从“远亲不如近邻”的角度谈邻里关系的重要性，进行了耐心的沟通协调。最后，双方各让一步，达成和解。

（2）有一天，一位女士对网格员说自己想申请低保。她说2年前自己丈夫去世，家里没有了生活来源，恳请得到政府低保救助。网格员就该女士反映的情况，到社区服务大厅做了咨询和沟通。大厅工作人员说：“该女士丈夫工伤死亡后，得到了一大笔补偿款，她不符合申请低保的要求。咱们可以建议该女士找一份适合她的工作，这才是长久之计。”第二天，网格员来到该女士家里，耐心地告诉她不符合办理低保的政策缘由等，并把社区内以及附近一部分工商企业招聘人员的信息一块告诉了她。听到网格员的解释，该女士不再主张申请低保，并且根据网格员提供的信息，很快在离自己家较近的一家超市找到了工作。

（3）一天，某村网格员听说自己负责的网格内两户村民在盖房子，因为宅基地界线划分产生了激烈的纠纷，围观群众很多。为此，网格员迅速向村支书作了汇报。随后，村支书、村主任、村文书连同网格员一行4人，一起来到村民家中。在听取两家的意见并现场勘查比对分析后，组织双方进行了深入的沟通交流。最后，双方都认可了调解结果，这一对为宅基地闹得关系异常紧张的邻居，终于又成为和睦相处的好邻里了。

毋庸讳言，还有除党政组织以外的许多组织，尤其是一些其他组织（如社会组织等非专业调解组织），对其组织成员的影响力和作用力很大。这些其他组织的负责人对其组织成员具有特殊的影响力和说服力，也就是我们常说的"说话管用"。同时，这些组织成员本身对其组织的信任感和依赖性很强。日常生活中，有时候确实存在基层党政组织对某个矛盾问题没有办法一下子"直接"解决的情况。因为有些矛盾当事人作为我们常说的"社会人"，其日常生活与基层党政组织之间发生联系较少。单靠基层党政组织去直接化解矛盾，有时确实存在缺少抓手、无着力点的窘况。因此，这时就非常需要发挥与当事人关系密切的其他组织特定优势，积极引导他们参与处理（调解）各种矛盾问题，共同构建和谐社会。

发挥党政组织的领导和示范带动作用，与发挥其他组织的特定优势参与化解问题并不矛盾。发挥其他组织的作用，是矛盾多元化解的需要，是对化解矛盾的有益辅助和有效补充。这也是笔者着力撰写本篇之意。

我们如何选择其他组织化解矛盾

第一，高度重视其他组织对于化解复杂矛盾问题的重要性。对于复杂矛盾，特别是对于矛盾问题积案，基层干部感到焦虑、恐慌、厌倦，诉求群众感到恼怒、郁闷、无助。这些问题，短则一年，长则十几年几十年，都没有得到有效解决。而实际上，基层干部换了一批又一批，每一批都努力想办成并且真心辛苦地用力办了，但就是没有成功；多年诉求人一年又一年，打热线、找部门，盼着自己的诉求能够解决，但就是没有成功。其中有些是法律法规政策的问题，有些是诉求过高的问题，有些是年代久远、矛盾缠绕叠加难以梳理解决的问题，等等。但是，这些问题本身不是关键，相当一部分矛盾积案积累下来的原因关键是缺少一个具有特定优势的其他组织牵头解决。这个其他组织或其中的某人，要有权威有力度，能掌控住具有“易变、多疑、臆想、不稳定”思想特点的当事人。“固”住当事人容易“反复”的思想，该调查处理单独一事打下信任“桩”的就作为先期基础工作扎实做好，激发调动信任“因子”；该解释清楚政策的就细心向其解释政策，给以答疑解惑；该向其讲明诉求中合理成分和不合理成分、合法成分和不合法成分的就细致讲明界限，以降低诉求；该解决主要问题的就把主要问题从复杂矛盾中拆分出来下决心解决，实现彻底化解，并教育引导当事人不要揪着那些“陈芝麻烂谷子”的次要问题不放；等等。如此，一些多年诉求人的问题就能够迎刃而解。

第二，认真调查有哪些组织对矛盾当事人有影响、有作用。毛主席说：“没有调查，就没有发言权。”调查中，坚决杜绝蜻蜓点水、走马观花、道听途说，坚决克服先做决定后摸实情的官僚主义作风。明确调查目的、调查重点、调查方式，如考察组织的来龙去脉、组织负责人性格及其特长等。要亲力亲为，深入一线，掌握第一手情况。

第三，精心分析准确择定最有影响力、掌控力化解矛盾的其他组织。对于上述第二步调查中涉及的各个组织，要细心筛选对比、研究分析，透过表象看本质，通过形式察内容，从而切实做到精心考量，好中选优，精益求精，科学择定最有力的其他组织。这里，需要注意考量选定其他组织的两个重要参考因素：一是能否有力掌控矛盾当事人思想；二是能否有力推动主要矛盾问题解决。

选定其他组织后，我们如何交办任务

第一，要向其他组织全面介绍清楚此矛盾问题的基本情况。

第二，要将矛盾当事人长时间以来诉求历程情况，以及各有关方面为此积极处理前后过程情况，全面地向其他组织介绍明白。

第三，协同其他组织深入分析化解此矛盾的技巧。

交办任务后，我们需要注意什么

第一，摒弃“一交了之”“撒手不管”的错误认识。杜绝“只看结果、不看过程”，不负责任、推卸责任的错误做法。密切关注、及时跟踪化解矛盾过程中出现的新情况、新问题，并及时帮助处理。

第二，引导监督其他组织采用合理合法手段解决矛盾。

第三，帮助其他组织调动使用更多社会资源解决难题。

第四，正确处理好“放手干”与“引导监督协助干”的关系。要让其他组织站“C 位”，使其放手大胆主动有创造力地去干。同时，要密切关注，及时给予提醒和帮助。

典型案例

1. 发挥合作社优势　化解老邻里矛盾

多年来，耿某一直想翻建现有自住农村住房。但是，耿某平常说话“不好听”，为人处世较为小气、极端。同时，他在自家庭院里养猪，常年臭气熏天，邻居很有怨言。因此，他与老邻居关系紧张，老邻居们都坚决反对他翻建房屋。逐渐地，他与邻居之间的矛盾越来越尖锐。耿某的儿子已经到了结婚年龄，准备结婚。可是，要想结婚就得有新房子。耿某急切地想翻建新房，可是老邻居就是不同意。于是，他就屡次到市里反映矛盾问题。

在市、乡、村三级对耿某矛盾事项进行认真分析研判后，决定发挥合作社优势，启动实施合作社化解矛盾新机制，确定由在当地很有影响力、号召力的某农业专业合作社负责化解耿某矛盾问题（耿某是合作社社员）。

某农业专业合作社社长高某介入化解矛盾工作后，采取了以下措施：

（1）社长高某与耿某进行了多次思想沟通，教育引导耿某树立社会主义核心价值观，尊敬邻里，关心他人，温暖他人。特别是下一步要创造条件，将自家庭院猪圈迁建到村外养殖区。

（2）社长高某又反复做耿某老邻居的工作，动之以情，晓之以理。

（3）耿某老邻居被感化，都答应不再反对耿某翻建房屋。

（4）社长高某“趁热打铁”，抓住时机帮助耿某迅速将新房子建成。

后来，耿某所在乡统一规划建设养殖区，他就报名参加了。

通过发挥合作社作用，这起令人棘手的多年矛盾问题得到彻底化解，促进了社会和谐。

2. 诉前调解便民利民　耐心沟通“案结事了”

某市成立了诉前调解委员会。同时，根据法律法规有关规定和工作需要，市人民法院和司法部门出台了《诉前人民调解员管理办法》，推动诉调对接工作全面深化，实现诉调对接工作的规范化、系统化和常态化。市诉前调解委员会成立后，聘请了熟悉社情民意，善于做群众工作，有一定调解能力的人（多为退居二线的干部）为诉前调解员，并聘请曾经在市人民法院担任过庭长、业已退休的老王为诉前调解委员会主任。

（1）物业服务不到位，诉前调解解纠纷。姜某购买了某小区一套位于六层的住宅。此房屋配备电梯，但从姜某正式入住后电梯一直处于关闭状态，姜某生活极为不便。于是他先后多次找物业公司交涉，物业公司说业主要求开通电梯是正常需求。但是，物业公司有难言之隐，就是其他业主很多不同意开通电梯并提出不会缴纳电梯运营费用。费用分摊处理得不到解决，就不能开通电梯。在多次交涉未果的情况下，姜某来到某市人民法院，诉求物业公司开通电梯。

来到人民法院后，姜某听法官说最近市人民法院里刚刚成立了诉前调解委员会，简单便捷，还免费。于是，姜某自愿来到诉前调委会。老王接待了姜某，问了下情况。接着，老王请经常做物业纠纷诉讼代理的专业律师和审理物业纠纷问题的专业法官一起来到调解室进行咨询会商。律师说：“《最高人民法院关于审理物业服务纠纷案件具体应用法律若干问题的解释》① 第三条规定，物业服务企业不履行或者不完全履行物业服务合同约定的或者法律、法规规定以及相关行业规范确定的维修、养护、管理和维护义务，业主请求物业服务企业承担继续履行、采取补救措施或者赔偿损失等违约责任的，人民法院应予支持。物业服务企业公开作出的服务承诺及制定的服务细则，应当认定为物业服务合同的组成部分。”法官说：“对，是有这一条。”最后，大家一致认为：对姜某所在小区电梯的正常运营，是物业公司的责任。同时，法官提出：“关于电梯开通后，有关业主不缴纳分摊费是另一个问题。不能因为个别业主不履行物业服务合同的不当行为（不缴纳电梯运行服务费）而对抗第三人，损害第三方的权利。物业公司可以依法向人民法院提起其他业主缴纳电梯运营费的诉讼请求。”对于此问题统一思想后，人民调解员老王与物业公司负责人、姜某一起进行了深入交流。最后，物业公司经理接受了调解，同意开通电梯，此物业纠纷矛盾问题顺利解决。

（2）租房定金矛盾起，出租人 2 倍返还。2015 年 7 月 15 日，宋某将某百货超市一层向街商铺出租给外地人于某，且签订了《租赁协议》：租金 150000 元；于某预付定金 70000 元，其余 80000 元在于某接手商铺时一次性付清；宋某最迟应于 2015 年 7 月 25 日前将商铺交给于某。协议签订当天，于某向宋某支付定金 70000 元。

协议签订第三天，宋某认为出租价格太低，就打电话给于某，提出要提高租金至 170000 元，遭到于某拒绝。2015 年 7 月 22 日，宋某与别人签订了一份关于该商铺的《租赁协议》，以 165000 元予以出租。对此，于某找宋某理论。这时，宋某却只想把 70000 元定金退给于某，于某没有接受。为此，于某来到法院，诉求宋某按 2 倍计 140000 元返还其定金。诉前调委会安排调解员何某（原司法局退休干部）进行诉前调解。调解员何某约请宋某来到法院调解室，他对宋某说：“收受定金后不履行合同的，要 2 倍返还定金，这是国家有关的

---

① 此处引用的司法解释为 2009 年 5 月公布的，2020 年 12 月最高人民法院对该司法解释进行了修改，该条文已被删除。相关条文，请参考《民法典》第九百三十八条和第九百四十二条。

法律法规规定，具有法律效力。同时，你要明确，无论是本地人还是外地人，我们都不能区别对待，不能欺生，都要讲诚信，这是做人最基本的品格。”宋某说：“那难道我要给于某 140000 元吗？这不亏大了吗？”调解员何某说：“按照有关规定，当事人约定的定金数额超过主合同标的额 20% 的，超过的部分，人民法院不予支持。”何某停顿了一下接着说：“你 2 倍返给于某的定金的基数是出租款的 20%，也就是 30000 元。虽然他向你支付了 70000 元，但超出的这 40000 元，按照有关法律法规不能 2 倍给予返还。也就是你需要给于某 100000 元。”宋某一听一算：自己只给于某 100000 元而不是 140000 元，100000 元比于某给自己的定金多 30000 元，但自己也向他人多收了 15000 元，实际自己需要多出 15000 元。他自言自语道：“当花钱买个教训吧！”①

第二天，宋某将 100000 元交给于某。此纠纷得以顺利解决。

（3）辞职面对违约金，有度退还培训费。孙某于 2011 年 9 月与某糖业公司签订了为期 3 年的劳动合同。同月，糖业公司与孙某又签订了培训协议，出资 15000 元让其到外地进行业务培训。培训协议规定：孙某结业后，在糖业公司进行服务的年限不得少于 3 年。如果培训结业后第一年孙某单方面解除双方的劳动合同，孙某必须支付违约金 50000 元；如果第二年解除劳动合同，孙某必须支付违约金 30000 元；如果第三年解除劳动合同，孙某必须支付违约金 20000 元。2012 年 11 月，孙某因与糖业公司同事闹矛盾，向糖业公司提出辞职申请。糖业公司答复：要想辞职，孙某必须向糖业公司支付 15000 元培训费，同时支付 30000 元违约金。如果孙某不按照这个要求去做，就不同意孙某辞职，同时扣留孙某个人档案。

本来与同事闹矛盾就心烦的孙某，又遇上公司的这些要求，真是烦透了。

① 《民法典》第五百八十六条：当事人可以约定一方向对方给付定金作为债权的担保。定金合同自实际交付定金时成立。定金的数额由当事人约定；但是，不得超过主合同标的额的百分之二十，超过部分不产生定金的效力。实际交付的定金数额多于或者少于约定数额的，视为变更约定的定金数额。第五百八十七条：债务人履行债务的，定金应当抵作价款或者收回。给付定金的一方不履行债务或者履行债务不符合约定，致使不能实现合同目的的，无权请求返还定金；收受定金的一方不履行债务或者履行债务不符合约定，致使不能实现合同目的的，应当双倍返还定金。

于是，她来到法院寻求支持。诉前调委会安排调解员陈某（原劳动局退休干部）接待了孙某。听了孙某诉说后，调解员陈某约请糖业公司有关人员来到调解室。他对糖业公司工作人员说："《劳动合同法》第二十二条规定，劳动者违反服务期约定的，应当按照约定向用人单位支付违约金。"糖业公司工作人员对调解员陈某说："那孙某给我们45000元，不就完事了吗？"调解员陈某接着说："《劳动合同法》第二十二条还规定，违约金的数额不得超过用人单位提供的培训费用。用人单位要求劳动者支付的违约金不得超过服务期尚未履行部分所应分摊的培训费用。第二十五条规定，除本法第二十二条和第二十三条规定的情形外，用人单位不得与劳动者约定由劳动者承担违约金。"陈某继续说："你们糖业公司与孙某签订的培训协议中关于'如果培训结业后第一年孙某单方面解除双方的劳动合同，孙某必须支付违约金50000元；如果第二年解除劳动合同，孙某必须支付违约金30000元；如果第三年解除劳动合同，孙某必须支付违约金20000元'的约定，涉及不符合法律规定的内容必须纠正。法律支持你们10000元的违约金要求（孙某培训费共15000元，已经在公司服务1年。孙某还需要支付公司2年的分摊培训费10000元）。"糖业公司工作人员听后，表示按法律办事。

最后，糖业公司将扣留的孙某个人档案退给了孙某（《劳动合同法》第九条规定，用人单位不得扣押劳动者证件和要求提供担保）。孙某交给了糖业公司违约金10000元。

办案心得

*发挥其他组织作用，有效化解矛盾问题。*尺有所短，寸有所长。万事万物，都有各自的优势和劣势。化解矛盾问题，其他组织要充分发挥对当事人有影响力的优势，让寸之长，长得其所，发出耀眼光芒，促进生活中个别"执念"较重的矛盾当事人思想顺然畅通，矛盾问题有效化解。

第十五篇　节　奏

导读

节奏的含义

化解矛盾中，经常出现的节奏不和谐问题

怎样把控矛盾化解节奏

调控矛盾化解节奏，需要注意什么

节奏的含义

节奏，通俗地说就是在自然、社会和人的活动中包括高度、长度、宽度、深度、时间等多维空间内的有规律的或者无规律的阶段性的变化。节奏变化是事物发展之本原，艺术美妙之灵魂。“有节奏”，通常用来比喻有规律的工作、学习和生活进程。

“节奏”一词在涉及音乐教学、演唱、演奏水平上使用频率较高。音乐节奏是指音乐运动中音的长短和强弱，它是音乐构成的基本要素之一。节奏在音乐中起着举足轻重的作用，没有节奏就没有音乐。只有把握好音乐节奏，高低音错落，长短调均衡，才能演奏出优美动人的乐章。在我国传统音乐和戏曲唱腔中，每一个小节中的强拍，大多以鼓板敲击按板，称为“板”；次强拍以及弱拍，则以鼓签或者手指进行按压，称为“眼”。通常，将二者合称为“板眼”。我们常说的“有板有眼”，表示说话办事有条理，就是强调节奏感在说话办事中的作用。

要研究工作策略，把握工作节奏。总揽全局、把握规律、掌控节奏，既是工作现实需要，也是一门领导艺术。如果工作节奏把握得好，就能够使看似千丝万缕、乱象丛生的复杂工作有序化、简单化、章法化，能够使索然无味的枯燥工作快慢有拍、动静交替、和谐愉悦。一个人如果工作节奏把握得不好，首当其冲的就是他的情绪会受到很大影响，看什么都不顺眼，干什么都不顺手。同时他的工作质量也不会太好，看似整天忙忙碌碌，最终的结果往往是工作成效大打折扣。因此，我们要高度重视节奏，认真把握节奏，这样工作起来才能感到从容淡定、得心应手，取得最佳工作效果。

处理（调解）矛盾问题，把握工作节奏尤为重要。尤其是一些矛盾积案，矛盾当事人常常情绪激烈、思想复杂、诉求尖锐，其反映的问题一般涉及部门单位多，时间跨度长，化解难度大。这对工作人员的化解能力和水平，提出了严峻的挑战和考验。如果节奏把握得当，策略运用精准，就能使当事人在化解矛盾过程中与我们达到和谐共鸣、同频共振状态，就有心有灵犀一点通的感觉。这样一来，就能有条不紊地顺利完成矛盾化解工作。

化解矛盾时，经常出现的节奏不和谐问题

（1）“兜圈子”：个别工作人员尽管对上访群众热情有加，花费了很长时间与群众进行交流沟通，却始终没能精准地抓住问题的要害，不知道问题的重点，切入不了问题的核心，白白浪费了很多宝贵时间和精力。

（2）“想当然”：个别工作人员尽管心里迫切地希望帮助群众解决问题，但是忽视了群众认知规律，没有由浅到深、由易到难地沟通问题、解决问题，而是急于求成，直奔群众难以理解的道理、难以化解的内容，使群众“一头雾水”或不知所以然甚至很反感。这种情况下，群众“第一步”还没有“迈出”，而工作人员却“想当然”，自以为是地反复“唠叨”，更有甚者埋怨群众认知水平低。不同的人因为年龄、文化程度、个人经历、思维能力不同，对矛盾问题中的政策、思想、观点等的理解也会有一定的差异。话要说到点子上，牵牛要牵牛鼻子。这要求工作人员认真学习心理学。苏联心理学家维果斯基提

出了“最近发展区”理论，认为学生现有的发展水平与学生可能的发展水平之间存在差距，这个差距就是“最近发展区”。老师进行教学设计、考虑节奏时，首先应该着眼于学生的“最近发展区”，有效调动学生积极性，然后发挥学生潜能使其超越“最近发展区”而达到下一发展阶段的水平，接着再在这个基础上进行下一个发展区的发展。这个理论，对于指导矛盾化解中的沟通交流，具有重要启迪。

（3）“杂乱无章”：个别工作人员对矛盾问题分析研判不细、不深、不透，分不清主次、先后。面对群众反映的矛盾问题，没有进行认真、客观、科学的定性定量分析，而是“眉毛胡子一把抓”，“东一榔头西一棒槌”，看似责任心强，实则稀里糊涂不知就里，效果很差，甚至个别时候还会产生很大的负作用。

怎样把控矛盾化解节奏

第一，增强节奏意识。唱歌划拍时，常听常练常划，熟练了就自然容易进入角色用心划了。现实工作、学习和生活中，我们要注重把工作节奏当作学问去研究，逐渐掌握熟练把控节奏的技巧。一旦遇到矛盾问题，就能自然而然、得心应手地拟订出节奏清晰的化解计划。

第二，全面了解矛盾问题的基本情况。

（1）洞察矛盾问题“真貌”。

（2）明确化解矛盾问题总目标。

（3）认清矛盾问题中的“主事”“次事”。

（4）研究分析矛盾问题当事人、自己、有关工作人员的特点。因为当事人是矛盾问题主体，所以我们要认真细致地分析当事人的性格特点及其诉求情况。同时，要对自己在处理这个矛盾问题上的长项和短板有一个清醒的认识，善于扬长避短。还有，就是要对其他参与化解矛盾问题的工作人员有准确、清醒的认识，做到用其长、避其短。

（5）认真研究矛盾问题演化规律。

第三，精心厘清化解矛盾问题进程中内在的各种需要。一名老司机在大山里行驶多年后，他认真总结：在大山里弯弯曲曲、高低不平、较为狭窄的山路上驾驶机动车，要想实现平安的总目标，就得心里明白山路途中不同路况的需要。拐急弯、上下陡坡、狭窄时需要慢行，其他路段则可以适当提速。关键是要认真把握这些相对危险路段的“平安”需要，才能该快时快、该慢时慢，有序地平安驶出深山。

化解矛盾问题进程中内在的各种特殊性“需要”，是确定化解矛盾问题节奏的重要依据。因为，只有满足了这种“需要”的推进“节奏”，才能取得化解矛盾问题的理想效果。简言之，节奏要根据需要，服务于总目标的实现。矛盾化解节奏的“六根据”：（1）根据矛盾性质和特点，决定问题处理顺序的先后；（2）根据矛盾化解难易程度，决定化解力度的大小；（3）根据矛盾当事人脾气性格，决定推进速度的急缓；（4）根据矛盾当事人修养层次，决定引导领悟的思维跨度；（5）根据矛盾演化趋势，决定情理法融合“发招”的时机；（6）根据化解矛盾对环境需要，决定适宜的“五度空间”，确保节奏准确、流畅。现实生活中，找准、厘清这些用肉眼看不见的各种内在实际需要，做到自己内心晶莹通透，要求具有精湛的洞察能力和娴熟的计策智慧。关于“洞察”和“计策”，前文已经做了阐述，这里不再赘述。这就是：人生似路日日行，世事如棋局局新。要以化解“需要”为据，精准掌控“节奏”，“下”好棋，“解”好局，化难事。

掌握恰到好处的“节奏”，才能达到理想效果，出现“高潮”：

笔者在2020年春节期间，观看了中央电视台《主持人大赛》新闻类总决赛中邹韵夺冠时的精彩表现。邹韵有着多年的工作经验，每逢重大国际事件发生，她的身影常常会出现在电视荧屏上。2012年10月，美国遭受飓风灾害，现场断水、断电、信号随时中断，邹韵深入受灾最严重的地区，冒着高空坠物、核电站警戒状态的风险，与直播间内的康辉进行了直播连线。《主持人大赛》总决赛最后一轮对决，她说：“我不属于那种站在台上特别打眼的人，我也不是科班出身。我的底气来自在过去的9年里，我的报道是我一条一条跑出来，一个字一个字敲出来，一个画面一个画面编出来，一场直播一场直播完成出来的。”邹韵说：“生命见证过多少真实，付出过怎样的努力，我希望就会有怎样的底气。”邹韵的现场表现让 400 位在线大众评审为她打出 98.031 的分数，这也是大赛大众评审团唯一一次打出超出 98 分的高分。舞台上，邹韵 3 分钟自我展示，气场强大，节奏稳健，演说结束后观众情绪跟着达到了高潮。短短的 3 分钟主持演说，她知道从哪里开始入题扣人心弦，从哪些方面展现自己的精神、格局、思想、境界震撼观众心灵，用哪些提神鼓劲的话带领观众一起完美收官达到高潮。其“节奏稳健”，蕴含了邹韵对于“我是主持人”主题的深刻理解，蕴含了邹韵拼搏进取积极向上的人生追求，更蕴含了邹韵对主持节奏艺术精益求精的准确定位。

第四，根据需要研究确定具体推进节奏。列出推进配档表。

配档表要明确的内容：

（1）时间和事。按照时间先后顺序排列事。

（2）目标。明确具体目标。包含数字、指标等要求。

（3）地点。明确解决事的具体地点。

（4）责任人。明确主要责任人、配合人员等。

（5）推进具体措施。

第五，扎实推进矛盾问题化解，并根据化解进展需要随时调整节奏。化解矛盾问题，实际上是一个动态生成的过程。再细致的节奏设计也不可能预知矛盾化解实践操作的所有细节，再科学的节奏操作也无法保证化解矛盾的完美完成。矛盾化解实践过程中，难免会出现意外之事。为此，我们要有心理准备，灵活应对处理。其中，我们要不断捕捉、明察推进进程中矛盾当事人的表现、反应，把事关重点问题解决的有价值的新信息和新问题纳入处理过程中，敏锐把握，积极应对，调整节奏。及时排除对于化解矛盾价值不大的信息和问题，使化解矛盾回到科学的“节奏”轨道上来，从而确保矛盾化解方向正确。

调控矛盾化解节奏，需要注意什么

第一，坚持两点论和重点论相统一，注意起承转合。要深刻厘清化解矛盾的“需要”是主要矛盾的“需要”还是次要矛盾的“需要”，是矛盾主要方面的“需要”还是矛盾次要方面的“需要”。同时，还要厘清主要矛盾和次要矛盾、矛盾的主要方面和次要方面相互之间的关系、作用和影响等。这样，我们就能用两点论和重点论相统一的观点来指导矛盾问题的化解，就能更加准确科学地调控化解矛盾的“节奏”。那么，一旦需要具体地细化化解矛盾问题计划时，我们就容易择定如何巧妙突破开头，解决“万事开头难”的困境；如何快速纵深推进，形成“势如破竹”的态势；如何聚焦着力重点，将复杂问题“简单化”强力解决；如何以小博大、以弱胜强，在出其不意中顺利圆满完成，从而真正实现“先胜而后求战”，胸中有志、有谱、有局，达到浑然一体、有序有层次、连贯起承转合。

第二，认清对立统一关系，高度重视互动。在疑难复杂问题处理过程中，工作人员和问题当事人之间本来就是“一对”矛盾，二者是对立统一关系。处理问题时，工作人员和问题当事人有一个思想、观点、诉求等互动的过程。这里边既有对抗、排斥甚至恼怒，也有认同、信任和愉悦。可以说，这个过程是酸甜苦辣咸五味俱全。通过“对立”，双方能激烈辨清正确的“情理法”；通过“统一”，双方能达成欣然接受的灼见共识。此时，我们要善于观察当事人的反应，采取多种办法，取得当事人的信任，给予当事人希望。心中有希望，行动有力量。因此，工作人员要主动与当事人进行有节奏的友好互动，在情感上产生和谐共鸣，在理和法上渐趋互认，以此激发唤醒当事人主动“配合”的热情。通过互动，交流情感，交流思想，逐步引导当事人树立起（领悟）正确的思想和观点，这样才能使矛盾化解进入“情理法”相融合的正确轨道，实现矛盾化解的预期目标。

第三，遵循质量互变规律，不失时机促成矛盾化解。质量互变规律要求重视量的积累，抓住时机促成飞跃，从而实现质的变化。为此，要精准洞悉当事人的心理变化，密切关注推进进程中，当事人受思想观念转变、诉求期望值降低等方面影响而产生的相应心理波动、情绪变化、心态调整等，结合心理学思维认知规律、注意力规律、兴奋规律等，掌握好化解矛盾的节奏（火候），及时有效地促成质变，推动问题解决。只有这样，我们才能使化解矛盾的节奏与当事人的心理变化实现“完美合拍”，才能使矛盾化解始终有序推进、张弛有度、胜券在握。

典型案例

1. 把握化解节奏细沟通　童某事故赔偿得解决

某日，某村村民童某在驾驶拖拉机向某种养合作社运送红砖建设“猪圈”途中，不幸坠入河中当场死亡。童某在某种养合作社上班，该种养合作社是当地人刘某和外地人马某、方某合资兴办的。主要出资人是马某，而马某因债务缠身，早已“跑路”。

童某死后，其家属多人到市矛盾纠纷多元调处中心反映问题，言辞激烈，情绪激动。为解决这件事故赔偿纠纷，决定成立专项工作组，具体负责调查处理此项纠纷。工作组研究决定把握化解工作节奏，进行细致的沟通，推动事故赔偿问题彻底解决。工作组分析研判后，认为本纠纷有三个难点：

（1）合作社主要出资人马某已经“跑路”。由谁来谈判？谁来赔钱？

（2）童某与合作社是劳动关系还是商品买卖关系？

（3）死亡赔偿数额是多少？

根据梳理出的上述问题，工作组决定把准操作节奏，有序分步实施：

第一，解决谁来赔偿。经过分析研究，大家一致认为，合作社是赔偿主体，其主要出资人马某应该是主要责任人。为此，工作组先后多次找该合作社的当地出资人刘某做工作，动之以情，晓之以理，教育引导刘某端正认识，从社会和谐大局出发，站在同情关爱死者家属的角度，积极主动联系合作社主要出资人外地人马某，协调劝导马某前来协商事故善后事宜。刘某多次电话联系马某未果后，便找到马某家中。经刘某再三劝说，最终马某被说动。但是，马某自己事情太多，抽不出身。于是，马某委托了律师与刘某一起到某市处理死亡事故善后事宜。

第二，解决赔偿依据。组织各方一起界定死者与合作社是劳动关系还是商品买卖关系。童某在合作社上班，平常上班到岗情况较差，经常缺勤。但不能因为这种情况，就否认童某是合作社职工。这是童某工作时间纪律性差和合作社人员内部管理不严的问题，不能影响对童某是合作社职工身份的认定。童某驾驶车辆运输红砖，驾驶的车辆是合作社租借的，运输的红砖是合作社签订合同购买的，童某只负责运输。经多方多次举证，反复沟通，大家都认可了童某与合作社是劳动关系。

第三，解决赔偿数额多少。工作组将死亡赔偿数额这一焦点问题提出来进行沟通。对此，各方争议很大，在一些细枝末节问题上纠缠不休。这样，时间一下子就过去了十多天，事情毫无进展。工作组分析：农忙时间很紧，家属情绪容易激动，尸体未火化长久保留可能会出现不可预料事件。因此，该问题不宜久拖。于是，工作组与死者家属进行沟通，向他们指出：一是如果走法定程序处理此事故，具体操作起来很烦琐，时间太长。二是老板马某未亲自参加调解，只是委托了律师处理此事。若长此僵持下去，马某一旦“撂挑子”，律师一撤，恐怕很难再继续进行后期协调处理。三是即使此事通过打官司解决，法院判决你们赢了，合作社需赔偿你们上百万元，这里面仍存在时间成本和赔偿不确定性问题。且不说马某目前已经是债务缠身，再加上合作社又是多人联办，要是合作社多名出资人达不成一致意见而没有人出钱赔偿你们，怎么办？那时，可能要申请法院强制执行，但你们都知道，不知要走多少程序，要经过多长时间。为此，建议死者家属不要再坚持非赔偿 150 万元不罢休的主张，降低赔偿数额要求。同时，做律师的工作，要求律师与马某随时沟通情况。

经过多次集体沟通和单独沟通，双方逐渐缩小了差距。由最初死者家属主张的 150 万元赔偿金，另一方只愿支付 5 万元赔偿金的巨大差距，缩小到死者家属主张至少 70 万元，另一方同意拿出 60 万元进行赔偿。最后，工作组连夜做各方工作。第二天，达成赔偿协议：马某付赔偿金 55 万元，刘某付赔偿金 6 万元，方某付赔偿金 4 万元，共 65 万元。死者家属表示同意。各方达成一致意见后，签订了《人民调解协议书》，并到当地法院进行了司法确认。第二天，童某死亡赔偿金支付到位。

2. 民警有序调解　老人“心结”解开

某地 65 岁的王大爷，与卖菜的摊主因小事产生矛盾纠纷。民警通过多次真诚有序的调解，解开了王大爷的“心结”，化解了纠纷。

某日，王大爷到某菜市场某菜贩摊位前买菜，顺手将随身携带的小马扎放在了旁边另一位卖菜的摊位前边。这另一边卖菜的丁女士见此情景，就伸手拿起马扎放到了远离自己摊位的地方。王大爷恼了，大声质问丁女士：“你为什么动我的东西?”王大爷很生气，就又将马扎放回原处。丁女士也来气了，就用力将马扎扔得远远的。王大爷非常激动，突然倒地。众人见状，连忙将王大爷送往医院。王大爷出院后经常为这件事怄气、烦恼，就到派出所要说法，要求警察为自己撑腰出气。民警非常重视，研究制定了有条不紊、节奏明确的化解步骤，进行了认真沟通调解：

（1）民警到王大爷家里，认真了解事件的经过以及王大爷的真实想法。王大爷表示：“我没别的要求，就是要丁女士给我认错。”

（2）民警找到丁女士所在村党支部和集市管理单位负责同志，告知王大爷情况，请求携手进行沟通调解。

（3）有关人员一起找到丁女士，向丁女士动之以情（尊老敬老是中华民族传统美德），晓之以理（菜市场每个摊位前行人走路、买菜位置是公共区域，不是私人地方）。经反复沟通做思想教育工作，丁女士表示愿意配合进行调解。

（4）在集市管理办公室，有关各方全部到场，丁女士真诚地向王大爷道歉。王大爷长时间的“心结”解开，脸上露出笑容。

众人见已经沟通调解完毕，就想各自散去。

这时，丁女士突然跑到自己私家车上，拿来一个包装盒交给王大爷。她对王大爷说："这是一个家用电子血压计，您老年纪大，这样您在家就能随时测量血压，随时守护健康。"王大爷欣然接受，并向丁女士说出了自己脾气太急请多谅解的话语。众人听后，高度赞扬了丁女士尊老敬老的优秀传统美德和王大爷真心实意的诚恳态度。

办案心得

掌握规律精准，推进矛盾化解。世间万事万物都按其内在规律有序演绎运行。这个规律，展现在人们面前的表象可谓纷繁杂乱。可是，一旦透过现象精准掌握万事万物规律，你就会感到原来真实情况如此简单。这个简单，其实就是高度精练的浓缩结晶，就是大道至简。人生，如果没有经历过世事沧桑的洗礼，没有经历过至简前的大繁，就很难做到"泰山崩于前而色不改，麋鹿兴于左而目不瞬"，就很难做到镇定抉择、从容应对。在处理（调解）矛盾时，只有熟练掌握规律蕴含的内在需要，才能做到心中有局，胸中有策，才能秉持"为将之道、当先治心"的理念，不动其心，不乱其静，才能使分析问题、解决问题的过程更为节奏明快、行动敏捷、效果良好！

第十六篇　活学活用

导读

活学活用的含义

如何活学活用

活学活用时，需要注意什么

活学活用的含义

活学活用，通俗地说就是指灵活学习，灵活应用所学知识。透彻地理解知识，切实掌握知识原理，能够铭记于心并运用自如，才是“王道”。孔子就是学深学透的榜样。孔子向乐师师襄子学习弹奏古琴。他苦苦学习一段时间后，就能弹奏一首曲子了。师襄子说：“这样就可以了。”孔子说：“尽管我已经掌握了这首曲子的弹法，但是我还没有领会曲子中所包含的感情和意蕴。”孔子又练习了很多天后，师襄子说：“现在完全可以了。”孔子说：“还不行啊！我还没有从曲子中领悟出作者的为人和志向。”这样又过了些时间，孔子继续埋头用心弹奏那首曲子。后来在弹奏这首曲子过程中，孔子逐渐呈现出心境豁达、志向远大的神色。此时的孔子非常兴奋，他说：“我现在感悟到作曲人是个什么人了，他一定是眼界开阔明亮、志向远大的人，像是驭统天下诸侯的王者，这除了周文王姬昌天下谁人还会有如此的大气度呢?”孔子刚把话说完，师襄子马上说：“这正是周文王姬昌所作的《文王操》啊。”孔子将一首曲子反复用心弹奏，从而把握其内在之理。他获得了人生的一种特殊学习能力，无论学什么新曲子、新知识，都能深入洞察、举一反三，并能娴熟自如地予以应用。

学习研究的目的是提升自己，同时也有助于自己更加顺利地解决难题。一个人，如果做不到活学活用，就算学富五车，也只能是读“死书”。只有真正学深、学透、学精、学博，才能将要义熟练掌握、铭记于心，才能在遇到问题时从容应对，操刀游刃有余，捉笔如有神助。化解矛盾“功夫”的提升过程中，要注重将各种技巧相互对比、相互借鉴、触类旁通、融会贯通，直至升华到活学活用。这就如研究某一社会问题，一般都会着力于本研究专业方向，对照、借鉴其他方面好经验、好成果，如哲学方法、数学公式、主流价值观等，进行定性研究、定量研究、质性研究等，向广拓展，向高突破，向深挖掘，向实求证，最后实现博采众长、高屋建瓴、学用灵活自如。

生搬硬套的本本主义、教条主义，违背了活学活用真谛，害人害己贻误事业发展。本本主义者、教条主义者不去研究矛盾的特殊性，不去分析矛盾的变化和发展，不去具体问题具体分析，只是生搬硬套现成的原则、方法、概念等来处理问题，只是把个别词句当作僵死的教条，鹦鹉学舌，轻视、忽视甚至反对理论方法与具体实践结合。这种本本主义、教条主义，表面上看很认真，实际上是形式的、盲目的、表面的贯彻执行，会给事业带来严重危害。

如何活学活用

第一，要高度重视活学活用。活学活用从一定意义上说，是计策的进一步精细、精准、精确。一把钥匙开一把锁。现实生活中，一把钥匙并不能打开表面上看起来差不多的两把锁。要细心洞察，不能大而化之。坚持因事制宜、因时制宜、因地制宜、因人制宜，杜绝教条主义。任何思想、理论和方法都不是教条，都需要活学活用，都需要实事求是。要坚决克服“郑人买履”“邯郸学步”的现象，反对生搬硬套、亦步亦趋的问题，切实避免脱离实际、不顾矛盾特殊性的做法。面对矛盾问题，如果做不到化解技巧的活学活用，而是奉行教条主义、形而上学等，就会导致差之毫厘，失之千里。

春秋战国时期，齐国军队和魏国军队在桂陵地界相遇。齐国大将田忌获知魏国军队左路军战斗力强大、中路军战斗力次之、右路军战斗力最薄弱。这时，田忌突然想起自己与齐王赛马时孙膑教他的赛马调整组合、“玩结构”获得胜利的好计策，就想自己这次也要用那个好办法：用自己最弱的一路军对付魏军战斗力最强的左路军，自己最强的三路军对付魏军中等战斗力的中路军，自己中等战斗力的二路军对付魏军战斗力最弱的右路军，最后自己将二胜一负。这时，齐军的军师孙膑对田忌说：“两军大战不同于赛马，赛马的游戏规则是三局两胜为赢，而战争则不是什么三局两胜即为赢。战争应该发挥优势、善用技巧，力争最大限度地消灭敌人的有生力量。你刚才说的我们的赛马策略是正确的，但是在这次大战上还要灵活运用。运用时要认真把握以下几点：我军弱势部队一路军与魏军强势部队交战时，要想方设法拖住敌人，高挂免战牌，拖延时间；我军强势部队三路军与魏军中等战斗力部队交战时要速胜。然后，快速集结我们胜利后的强势部队三路军和中等战斗力二路军力量，以优势兵力快速打败敌人最弱的右路军，最后集中我军所有力量以绝对优势兵力全力打败敌人最强的左路军。这样，每一仗我们齐军都是优势兵力，都有把握赢得胜利。”最后，田忌依此计，获得大胜。日常工作、学习和生活中，我们要秉持常思考、勇实践的好习惯，经常总结回顾，默化于脑，内化于心。化解矛盾不仅要知其然，更要知其所以然。

第二，要坚持思路先人一步。专利不会永远保密，奥秘不会永远隐藏。要想永远保持领先，要想总能摘得别人未尝之美味佳果，要想成为活学活用的常胜将军，就得思路超前，高人一筹，人无我有，人有我优。他人可以模仿你现在的产品，但永远偷不走你的智慧。某省山区小镇兴起“淘金热”，一大批民工相继涌入该山区淘金。但是，该地常年少雨缺水，民工饮水困难。高某看到这一情况，灵机一动，决定用扁担挑水卖水挣钱。一个多月下来，高某收入颇丰。居住在同一小镇的薛某，看到高某卖水发了财。于是，他就叫上自己的老婆、孩子一家六口人都去挑水卖水。当然，薛某这么做，水价也就降了下来。高某一看，薛某这么和自己竞争，怎么办？他一琢磨，计上心头。过了几天，高某雇来30多个人挑水卖水。这时，高某也不用费劲亲自去挑水了，他的工作只是动动嘴收钱就行了。尽管此时卖水的利薄了，但量大了，高某挣钱更多了。又过了些时间，高某发现给自己挑水的人有的去“单干”了。过了不久，高某的人都走了。这怎么办？高某又冥思苦想，想出一个办法：找木匠，打造大水车，降低水的价格，靠“量大、价低”增强竞争力。高某依此办法实施，果然又挣了很多钱。又过了段时间，接着有人模仿高某也打造了水车，与高某展开竞争。高某见此情景，开始绞尽脑汁想办法。忽然，他想起前段时间自己外出旅游时，看到很多偏远的旅游景点铺有水管，将自来水引进了住户、商铺等。这样，既方便随时用水、清洁用水，同时价格还低，价格一低，水的用量自然就大了，挣钱也就自然多了，确实是一个好办法。于是，高某便很快买来了水管等，将清净的自来水引进了小镇的家家户户，方便了大家。接着，高某成立了水务公司，既加强了水业管理，又独家垄断了小镇的水业经营，确保了长期稳定的水务收入。现代社会中的“电子商务”“网红经济”，实际上也是采用了先人一步的思路（思维）：整合重组有关人财物资源要素。整合重组过程中，要大胆科学有效地使用人类已经取得的一切文明成果，“站在巨人的肩膀上”，才能实现几何级数增长、爆发的新跨越、大突破。整合重组中注意：我不一定自有一切，但一切皆为我所用。要想快速发展，切记不要被错误地“羁绊”“胶着”在“我自拥有一切”上浪费人财物资源，错失大好时机！

第三，要熟练掌握各类矛盾化解技巧。各类矛盾化解技巧，对于化解不同矛盾难题会有重要借鉴作用和参考意义。因此，我们要放下身段，下实功夫，认真研究矛盾化解“金钥匙”。今后，要进一步横向拓展化解技巧，通过团队组织和个人之间的技巧、经验、关键点的广泛讨论、议论、辩论，采用多个视角、多元思维、多条思路的交流与碰撞，从而加深自身化解矛盾技巧的新理解；要进一步深度拓展化解技巧，深入细致地挖掘找准、凝练概括出迁移性更强的、适用价值更大的“探索技巧的技巧”——元技巧（“探索知识的知识”——元知识），进一步深挖背后的原理、本意、法则，将化解技巧（经验、知识等）迁移适用到更多化解复杂矛盾问题应用场景中，从而实现自身化解矛盾能力的新飞跃；要进一步提高“动中捉影”化解技巧，练就运动中捕捉战机的能力，在矛盾运动变化中善抓时机、创造时机娴熟解决问题，继而实现化解矛盾苦干实干加巧干精神的新升华；要进一步增强凝心定力化解技巧，善于识别化解矛盾时的小利、杂音、歧路等一切不利因素，下定决心排除干扰，以刚毅顽强的定力沿着科学正确的方向化解矛盾，进而实现化解矛盾执着坚定意志的新跨越！

活学活用时，需要注意什么

第一，解难事点燃希望。处理（调解）矛盾问题，经常会面对一些性格偏执且价值观扭曲的矛盾积案当事人。大家普遍感到，与矛盾积案当事人进行心与心的沟通很难。很多时候，基层干部干着急没办法。因此，温暖矛盾积案当事人冷冰冰的心、取得矛盾积案当事人信任、点燃矛盾积案当事人希望，进行有“温度”的沟通，非常有必要。“温暖冷冰冰的心、取得信任、点燃希望”靠的是什么？是真心实意为矛盾积案当事人办实事解难事。

基层干部要有为民情怀，自觉树立“把群众当亲人”的理念。如果我们对待矛盾积案当事人提出的一些看似与其矛盾问题无直接关系的生活所急所难，能够做到像给自己的父母兄弟姐妹办难事一样去用心用力“特事特办”，那矛盾积案当事人冷冰冰的心一定能够被温暖融化。这就是人们常说的“精诚所至，金石为开”的道理，真诚所到达的地方，像金石那样坚硬的东西也能被打开。

某市某乡某村曾某是多年的矛盾积案当事人，主要诉求是城镇拆迁中补偿问题，工作人员为此感到非常头疼。一天，曾某来矛盾纠纷多元调处中心反映其孙子上学问题，请求帮忙解决。一开始，个别工作人员表示：其孙子上学问题，与我们矛盾纠纷多元调处中心有什么关系？大家议论纷纷。这时矛盾纠纷多元调处中心张主任说：“这件事尽管与我们没有直接关系，可是如果我们帮忙协调给曾某解决了，是不是曾某对我们的信任感就增强了呢？那我们再做他的思想工作，从情感上来说是不是就相对容易多了呢？”矛盾纠纷多元调处中心干部就此事统一了思想，并就孩子上学涉及教育、公安、房管、所在村的有关事宜进行了详细研究，对需要做的具体协调工作进行了明确分工。后来，各部门单位表示，以社会和谐大局为重，做好各自分工的工作。很快，曾某孙子上学问题得到解决。在 9 月开学之际，曾某的孙子高高兴兴背上书包进了校园。之后，工作人员趁热打铁做曾某的思想工作，曾某逐渐地降低了拆迁补偿要求。就这样，一起矛盾积案得到妥善化解。工作人员为矛盾积案当事人解难事点燃希望时，要注意：（1）“沉下去”摸准其急其难；（2）解难事不能违背基本原则，要合情合理合法，不能顾此失彼；（3）解难事后，要“趁热打铁”掌握火候，及时促成矛盾积案解决。

第二，多用调解慎诉讼。调解是指通过说服教育和沟通协商，在查明事实、分清各自是非和双方自愿基础上达成协议，解决矛盾纠纷。调解的种类较多，根据调解的主体不同，有人民调解、法院调解、行政调解、仲裁调解、律师调解等。调解的优势在于：（1）具有简捷、及时和经济的特点。（2）具有广泛性，方便人民群众。（3）能够实现“情理法”融合。合情合理不合法和不合情不合理合法问题，在矛盾化解实践中经常遇到，有时令基层干部感到棘手难办。通过调解，可以将“情理法”充分融合，有效实现“情理法”相统一。（4）具有主动性、和谐性和彻底性。经过主动积极调解的矛盾纠纷问题，常常能执行到位，社会效果也相对较好。

2020 年 8 月底，聂某来到某镇矛盾纠纷多元调处中心寻求帮助。原来，聂某在 2017 年给赖某开挖掘机，赖某欠了 39500 元工资没有支付给聂某。2020 年 3 月法院判决赖某支付聂某 39500 元，但赖某一直没有履行判决，无奈之下聂某来到镇矛盾纠纷多元调处中心。调处中心工作人员接到诉求后，迅速通知双方到调处中心进行调解。经过了解，在聂某为赖某开挖掘机的时候，挖掘机突然起火烧毁，最终报废。赖某认为挖掘机起火，是由于聂某操作不当引发的，聂某应当对挖掘机报废承担责任。为此，赖某认为，自己没必要给聂某支付工资，反而聂某还要赔偿自己的挖掘机损失。中心工作人员了解内情后非常同情赖某反映的实际情况，但同时耐心地与赖某沟通：你需要支付工资给聂某和你觉得聂某需要赔偿给你挖掘机的损失是两件事，需要分开来处理。首先，关于聂某工资的事，人民法院已经作出生效判决，若你一直拖着不支付，将触犯刑法。《刑法》第三百一十三条规定，对人民法院的判决、裁定有能力执行而拒不执行，情节严重的，处三年以下有期徒刑、拘役或者罚金。若聂某申请强制执行，你将因小失大，不仅需要支付聂某工资，还得承担刑事责任。而你觉得聂某应该赔偿你挖掘机损失一事，你如果有证据证明，完全可以要求聂某赔偿，但是你也没有掌握什么关键证据，当前你应该积极与聂某达成和解协议。接着，调处中心工作人员和聂某进行了沟通：尽管赖某没有直接证据证明是因为你的操作不当而报废了挖掘机，但事实是当时确实是你在开挖掘机。农村老话讲“有本事不如不碰上”，有问题就得面对、就得处理，你不能只讲自己的片面理。再加上，这几年赖某挖掘机损毁后他也没有什么经济收入，且前几年干的活，大多数没有拿到钱，支付能力较弱，你应该给予理解和包容。于是，聂某表示同意调解。最后，双方达成调解协议，赖某支付聂某 25000 元，一次性就工资问题和挖掘机损毁问题全部了结。协议签订后，双方当场进行了转账。

调解工作需要注意的问题：（1）调解前要把双方主要人员情况掌握清楚。（2）调解员要有耐心，不能怕麻烦。（3）要善抓主要矛盾和矛盾的主要方面。（4）要讲透情理法。（5）调解结束后，可根据需要到人民法院进行司法确认。

第三，精准施策预防矛盾。要居安思危，未雨绸缪，防患于未然。立足源头预防、管控矛盾，推动“预防”成为工作过程的标配，实现从被动化解矛盾向主动预防矛盾的理念转变。要将重点矛盾隐患发展趋势及掌控、化解之策，反复进行认真的动态推演。这样，有利于将矛盾消解于未然，将风险隐患化解于无形。“治未病”是医者的最高境界。春秋战国时期，魏文王问名医扁鹊：“我听说你家里兄弟三人，都精通医术。可是你们三人到底谁医术最好啊？”扁鹊回答说：“我家里长兄医术最好，二兄医术次之，我是医术最差的。”于是，魏文王接着问扁鹊：“可是，为什么你却最出名呢？而你的长兄、二兄却都不如你出名呢？”扁鹊笑了笑对魏文王说：“我长兄治病，在病人病情发作之前给人治病，一般人不知道他事先能祛除疾病，所以他的名气就无法传出去；二兄治病，在病情才开始发作时，一般人以为他只能治轻微的小病，所以他的名气只传及本乡里；而我给病人治病是在病人病情严重之时，一般人都能看到我下针、用药，都以为我医术高明，因此我的名气响遍全国。”扁鹊停顿了一下，接着说：“其实，真正医术最高最好的是我长兄啊！”现实生活中，预防矛盾发生，犹如“上医治未病”，对当事人“副作用”最小，时机最佳，效果最好。因此，要注意关口前移，主动预防，将预防矛盾的要求内化于心，外化于行，成为自觉行动。

如何有效预防矛盾发生？

一是增强忧患意识，时刻自我警醒。古代兵圣孙子指出：“故用兵之法，无恃其不来，恃吾有以待也。”① 强调有备无患，常备不懈。预防矛盾既要有担当，更要有能力。凡事预则立，不预则废。要夯实化解矛盾的基层基础工作中的组织建设，切实解决有人、有能人化解矛盾的问题。要精心研判矛盾产生的根源，将“防护网”织密、织细、织牢，建立源头预防体系，将矛盾问题化解在萌芽状态，化解在基层。对于重大矛盾风险，要底数清，情况明，能够精确预测、精准预警、精细预防。要重视“亡羊补牢、为时不晚”的道理，对于已经暴露的问题，必须高度重视，下决心千方百计补短板、补网眼、堵窟窿、扎紧篱笆，研究制定溯源、治本的科学预防机制，以免再受损失、再次发生矛盾问题。人生历史长河中，遇到矛盾问题在所难免。人不怕做错事情，就怕做错了不去认真反思，不及时改正，不做好预防工作。“同样的错误不再发生第二次”，是人生中必须高度重视的课题。要做到这一点，确实很难，但也并非无章可循。同时，要注重从他人的经验教训中告诫自己“他山之石可以攻玉”，“以他人为镜”、举一反三补齐个人短板，不断实现自我提升、自我超越、自我发展。

二是推进决策科学化和民主化，有效预防矛盾发生。坚持民主集中制，建立健全由领导者、专家和群众共同参与的重大问题决策机制，完善重大决策的

① 黄大志编著：《智悟孙子兵法》，中国致公出版社2007年版，第170页。

规则和程序，坚决杜绝“长官意志”。对于发生概率小而影响大的“黑天鹅”问题和发生概率大且影响也大的“灰犀牛”问题，在决策阶段要坚持求真务实理念，用火眼金睛聚焦识别、敏锐辨明，坚决“说不”，杜绝发生。之所以出现“黑天鹅”事件和“灰犀牛”事件，主要有两个原因：其一，“拖延症”集中放大；其二，责任意识差视而不见。其实，万事万物都有因果，矛盾问题发生前常常会有征兆。因此，我们要高度警觉，防微杜渐，将矛盾隐患化解在萌芽状态乃至未萌状态，最大限度地降低化解成本，这是社会管理、企业管理、人际交往的最高境界。

三是加强预警研判执行联动体系建设，形成预防矛盾发生有效运作机制。“预警”，就是按照迅速准确的要求，构建多层次灵敏高效的情报信息网络，及时掌握矛盾动态，提高处置的主动性，真正做到“早知道、早控制、早解决”。因此，要抓好矛盾排查，及时抓早、抓小。“研判”，就是对情报信息等进行汇总、分类、对比、分析等研究判断。其一，建立研判平台（组织），实现适时研判。其二，建立研判机制，实现集思广益。其三，评估形势、预测趋势，提出对策和措施以供参考。“执行”，就是指执行研判后的对策和措施等。一般来说，矛盾的“预警”“研判”“执行”单个环节工作比较好做。其难点在于，三者之间的联动衔接。因为三者之间，往往不属于一个部门单位、一个层级，“联动”起来相对难度较大。因此，加强部门单位之间联动体系建设是非常必要的。

四是加大投入，为预防矛盾发生奠定坚实基础。明白了“上医治未病”的道理，就很容易形成“加大投入”的共识了。“道交基金”就是各地加大投入、预防矛盾发生的好办法之一。各地根据《道路交通安全法》第十七条设立的道路交通事故社会救助基金，是用于垫付机动车道路交通事故中受害人人身伤亡的丧葬费用、部分或者全部抢救费用的社会专项基金。“道交基金”的设立，充分体现了社会主义制度的优越性，对于化解潜在的社会矛盾、促进社会和谐稳定发挥了重要作用。

五是强化监督，确保预防措施落到实处。没有监督的执行是苍白无力的。

通过强化有效监督推动各项预防措施落地生根，需要我们：（1）制订监督计划。包括：谁来监督预防措施落实？怎样监督？有什么时间要求？（2）实施监督检查。实时实地监督检查预防措施落实情况，拧紧“责任链条”。（3）使用监督成果。纠正预防措施不到位情况，并奖优罚劣，确保预防措施落地见效。

第四，下实功夫狠抓落实。落实，通俗地说就是推动计划、措施得以实现。光说不练假把式，不能做理论巨人、行动矮子。离开了落实，所有美好的愿景都是纸上谈兵，空中楼阁。千招万招落不到实处都是无用之招。古代思想家政治家荀子在《荀子·修身》中指出：“道虽迩，不行不至；事虽小，不为不成。”[①] 我国历史上有许多空谈误事误人误国的重大教训值得深思。

化解矛盾过程中，如何抓好落实？

一是抓落实，就要抓领导。要坚决落实“一岗双责”领导责任制，坚持“谁主管、谁负责”的原则。领导的行动是无声的命令。处理（调解）矛盾问题时，领导者要亲自指挥、亲自运筹，以身示范、以身作则。领导者，具有管人的优势，能够根据需要选调优秀干部参与化解矛盾；领导者，具有管物的权力，能够根据需要协调化解矛盾所需的物力财力；领导者，居于领导地位，能够根据需要制定严格的奖惩机制、考核办法。一项复杂矛盾问题的化解，没有领导者的坚决支持，没有领导者的亲力亲为，所有看似完美的化解矛盾方案都只能是镜中花、水中月。

二是抓落实，就要抓合力。强大的部门单位合力，是各项措施能够落实到位取得实效的关键。化解矛盾工作中，既要搞好分工，明确责任，更要强调互相配合、密切合作，形成“一盘棋”。处理（调解）复杂矛盾问题，往往是以涉及的多个部门单位人员组成工作组（调解组、协调组、指导组）的形式开展工作。各部门单位职责各不相同，各参加人员性格脾气也不尽相同，并且有些人员之间原先并不一定认识熟悉。但是，一般情况下，工作组需要化解的矛盾问题经常是群众“非常急”，不可能给工作人员互相之间预留所谓的“熟悉

① 叁壹、冯蕾编著：《诸子思想解读：荀子》，陕西出版集团、太白文艺出版社2011年版，第12页。

期”“磨合期”，有时接到任务后“开拳就打”。人心齐，泰山移。如何发挥1+1>2的效应、全体人员团结协作增合力，是对工作组全体成员能力和素养的现实考验。作为工作组主要负责人要善于总揽全局，运用好“主要负责人”领导艺术，敢领导、真领导、会领导，制定科学的推进方案，切实发挥每个部门单位的职责、职能优势，充分调动每名组员的积极性和创造性。作为每名组员，要端正态度，树立“一切为了化解矛盾”的思想，发挥好每一个螺丝钉作用，用心实干。

三是抓落实，就要抓重点。坚持抓重点，重点抓。要着力于重点人、重点事、重点环节，确保紧紧牵住“牛鼻子”。

四是抓落实，就要抓作风。这里的作风，主要是突出敢担当、有作为。化解矛盾问题时，往往时间紧、任务重、情况复杂。如果前怕狼、后怕虎，担心“沾上”责任、怕被当事人“赖着”，就很难放下身段接触实际，只会是敷衍了事、虚与委蛇，害人害己害组织。工作人员要具有勇于担当作为的精神，学会用新视角新思路去分析矛盾问题，用新方法新举措去解决矛盾问题，创造性地开展工作，直至到达胜利的彼岸，彻底解决矛盾。

典型案例

1. 耐心细致搞调解　房屋差额得补偿

多年前，计某在市中心社区分得一套安置房。但是计某一直认为自己房屋的实际面积与其房屋协议安置面积之间有差距，个人的利益受到侵害，要求给予房屋差额补偿。所以，多年来他多次到市矛盾纠纷多元调处中心反映问题。

该市矛盾纠纷多元调处中心将计某安置房矛盾问题列入重点矛盾积案，加大调解力度，并成立了调解组，具体负责调解工作。

调解组进行了如下调解工作：

（1）市调解组工作人员查阅了计某房屋安置协议，了解了具体安置内容，并组织有关专业技术人员到现场测量了房屋面积。

（2）协调市房管服务中心，由市房管服务中心负责联系房屋开发公司负责人，与调解组工作人员进行了单独会面。

（3）市调解组组织了由计某、开发公司代表、有关技术人员参加的第一次矛盾调解会。这次调解会上，计某提出了要对较大差额房屋面积进行高额补偿的诉求，开发公司提出了房屋是零差额面积不予补偿的意见，双方现场争论非常激烈。会上，调解员和专业技术人员将前期到计某房屋处现场测量的方法、结果等情况，告知了参加调解会议的人员。

（4）第一次调解会后，又进行了单独沟通。这样一来，各方都认可了专业技术人员调查的房屋差额面积。

（5）几天后，市调解组召开了第二次调解会。双方对房屋差额面积达成一致意见，但对补偿金额产生了很大分歧，不欢而散。

（6）市调解组工作人员多次单独做计某工作，引导计某降低预期，明确了哪些是自己合理合法的利益诉求，哪些是自己不合理不合法的利益诉求。与开发公司负责人多次沟通，引导开发公司负责人要自觉维护社会稳定大局，积极顺应、解决群众合理合法利益诉求。

（7）市调解组召开了第三次调解会，双方很快就前期一致确认的房屋差额面积单位补偿价格、补偿总价、补偿金支付方式等达成协议。

调解工作结束后的第二天，开发公司派代表给计某送到家里两盆枝叶繁茂的“发财树”，并说：“祝愿计某财源茂盛、幸福美满！”计某听了，表示衷心的感谢。至此，多年的矛盾积案得到圆满化解。

该矛盾问题化解，认真践行了习近平法治思想关于“坚持以人民为中心”的要求，切实保障人们依法享有的各项权益，维护社会公平正义。调解过程中，教育和引导双方互相理解，将一个矛盾问题积案“拆分”为房屋差额面积确认和单位价格确定两个问题处理，把握调解会议“节奏”，通过“情理法”的多次“沟通”，彻底地解决了多年的房屋差额补偿矛盾问题。

2. 热心帮工意外身亡　情理法融合得和解

2019 年 10 月的某天，某村村民车某在家建偏房。70 多岁的同村刘某是个热心肠，就去“帮工”干些零碎活。在车某家吃过晚饭后，刘某回家路过某桥，不幸坠入桥下身亡。

第二天，小刘某（刘某的儿子）找到车某，要求其支付父亲死亡赔偿金、丧葬费等20万元。车某认为自己没有邀请刘某来干活，是刘某自己主动来帮工建房，况且刘某不是在自己家里出的事，自己无过错，无须承担任何责任。小刘某恼怒了，就纠集了很多亲戚，想要到车某家讨说法。乡矛盾纠纷多元调处中心接到社区矛盾纠纷多元调处中心报告后，意识到事态的严重性，确定由乡矛盾纠纷多元调处中心主任老吴和小张进行处理。

老吴和小张来到社区矛盾纠纷多元调处中心后，进一步了解了各方面情况。然后，把车某和小刘某约请到调解室。小刘某说：“我爹是因为给车某家帮忙出的事，车某肯定要负责赔偿。”车某说：“你爹不请自来，又不是在我家出的事。与我何干!”说着说着，双方的声音就越来越大，情绪激动起来。这时，老吴说：“摊上这么个事，咱们大家心里都不好受。你们俩现在吵闹起来，谁声音大了，并不代表你就占理多。假设你们两家为此事打得头破血流，那就不是赔钱的事了，到时候连参与的亲戚也要跟着负刑事责任判刑坐监狱的。有矛盾纠纷问题很正常，关键是你们要静坐下来，合情合理合法地处理。”接着，老吴给车某和小刘某认真讲解了相关法律规定：如果不是受益人明确表示拒绝帮助，助人为乐而受到人身损害的，受益人应该承担相应的责任。① 刘某为免费帮工，车某为受益人，即使刘某不是在帮工工作中死亡的，车某可以适当补偿。继而老吴讲了这些道理：在农村，这种邻里之间打墙盖屋互帮互助，是多年的优良美德。刘某本身是为了帮助车某。作为车某，刘某来帮忙，一方面自己得到人力，另一方面自己还有面子（农村自己家有事，来帮忙人多，主家面子好看）。这件事于情于理，车某都要给予一定补偿。在当今的文明中国，咱们要鼓励善良，鼓励互帮互助，这是一种正义的力量！当然，刘某之事，又不同于一般的工伤，受害人家属不能狮子大开口，诉求利益要适当，否则车某是

① 《民法典》第一千一百六十六条：行为人造成他人民事权益损害，不论行为人有无过错，法律规定应当承担侵权责任的，依照其规定。

不会同意的。双方要互相理解和谦让。

经过一番情理法融合的沟通交流，最后车某和小刘某达成协议，由车某一次性补偿小刘某。双方和解，又成为好邻里。

办案心得

迎难而上勇担当，激情奋进向未来。解决人生道路上一个个矛盾问题的过程，是一次次学习思考研究的渐进探索，是心中已然化作千沟万壑经验的丰满充盈，是从迷茫彷徨到辨得明、拿得准、强信心而势在必得的心路历程。正所谓：兵来将挡，水来土掩。信心越来越坚定，方向越来越清晰，技巧越来越娴熟，迎难而上的精气神越来越足。

心里有谱局，眼中皆风景！

心若不老，生命将永远充满活力！永远长青！

结 束 语

为人处世要把握规律和人性、认清做事和做局逻辑要求、正视正义和邪恶两种不同性质力量

把握规律与人性。人生在世，要切实把握规律与人性。认清规律、顺应规律，洞察人性、尊重人性，则诸事顺达如意。这就是：道明路好走，见性好走路。孙中山先生曾说：世界潮流，浩浩荡荡；顺之者昌，逆之者亡。这就是人们常说的：顺势，则坐地日行八万里。我们这里说的“顺应”和“尊重”，其实质就是将自己认知的“规律”“人性”内化于心并认真遵循。因为只有将“规律”“人性”内化于心而成的“悟”，才能和一个人的本体充分融为一体，才能将其真正打造成一个人的如本体原生般的自觉“动力”。随着这个人的内心越来越强大，其“悟”的顺畅度会更好，身心自我创新创造的活力会不断再生增强。长此以往，一个人“悟”的内化内生进入良性循环，就会自发自觉地不断精进升华，不断循着规律和人性所蕴含的“道”的方向，不断在自己的“心田”种上一棵棵“希望树”“智慧树”“幸福树”，栉风沐雨、砥砺前行，在有志、有为、有乐中从容淡定畅享人生的美好。

认清做事和做局逻辑要求。做事，就是脚踏实地埋头真干，讲究认真、求精、奉献。做局，就是用心运筹谋划全局，讲究洞察要深、格局要大、措施要准，注意方略与圆略交替运用，不可固守其一。世间做事在于实，天下做局在于周。做事与做局相互联系，密不可分。做事是为了成就大局，做局是为了正确做事。要做正确的事、向前发展的事、利人利己的事；做维护中心大局的局、“系统”阳光的局、解决根本问题的局。居安思危运筹精，则局未始已赢；夜郎自大刚愎行，则事过半犹输。生活中，遇到矛盾问题解决思路一般是先做局、后做事，但人却常常是从一个勤勉做事的人成长为一个精心做局的人，这其实就是一个人从具体“技术”到人生“格局”的升级。这个升级，蕴含着从“他教”到“自悟”的成长，蕴含着从肉体到内心的成长，蕴含着从小我到大我的成长。一个人，无论是身居高位有话语权，还是身处低位人微言轻，做事做局都要坚持时刻修养谦和宽厚之心，因为谦和宽厚能给人亲近之感、能使人乐于响应，这样方能凝聚众人之情商和智慧，帮助自己翻越一座座高峰，成就更大的事业，谱写美轮美奂、和谐幸福、诗情画意的人生华章。

正视正义和邪恶两种不同性质的力量。正义能够保障人民群众的生命和财产安全，使广大人民群众得以生存和发展，维护和推动全社会的进步，能带来光明、希望、积极、向上等正能量。因此，我们全社会都有责任和义务确保制度正义、形式正义、程序正义。邪恶会导致仇恨和争斗，破坏和谐与美好，使整个社会倒退，能带来黑暗、失望、消极、颓废等负能量。所以，我们全社会都要坚决辨清邪恶、远离邪恶、打击邪恶。要正确理解不同见解与邪恶的本质区别，给予理解和包容，区别对待。在处理矛盾过程中，要切实提升对正义的深刻认知，达到为善去恶、知行合一。正义战胜邪恶，需要巨大勇气，更需要超人谋略。勇气源自升华的正义认知，谋略源自学习实践再学习中蕴含的正义的智慧。充满勇气的正义，必将产生无限动力；充盈谋略的正义，必将无往而不胜。笔者坚信：只要我们万众一心，紧握正义之剑，秉承正义至上，则正义必将遍神州，中华民族终将迎来更加和谐美好实现伟大复兴的明天！

对规律和人性的正确把握，是迎难前行的根本基础；对做事与做局要求的扎实实践，是迎难前行的关键要义；对正义的坚定秉持和对邪恶的坚决打击，是迎难前行的人间正道。所有这一切，正是我们人类文明进程中追求真理和智慧、追求幸福和美好源源不断、生生不息、奔腾向前的强大磅礴力量！

后　记

笔者真切地期盼这本书能够传播工作、学习和生活中的技巧和正能量，所以力求深入、透彻、一目了然。尽笔者最大所能，争取对读者朋友们有所帮助，以务实的态度，提信心，拓思路，强技能，为读者朋友们在新起点助力，祝愿朋友们奋力实现“天行健、君子以自强不息”的崇高人生追求和“地势坤、君子以厚德载物”的道德价值取向。

为突出实战性和鲜活性，在各篇目内列举了大量典型案例。如有雷同，请勿对号入座。

本书的顺利编写，得益于正在开展的“学习强国”活动。“学习强国”活动平台的许多讲话、慕课对笔者教育启发很大。特别是领袖的精辟观点、古人的哲学思想、优秀人物的正能量、法纪栏目的法纪理念、重大工作及历史上重大战役的策略，给了笔者很多的教益和鼓舞。在此，向“学习强国”公众号致以崇高的敬意！

笔者的多位领导、同志、朋友，对本书编写非常关心，给予了精心指导和热情帮助。在此，一并表示衷心的感谢！

矛盾问题有其特殊性，千变万化，多彩多样。新时期矛盾化解工作方法的研究，是一个富有挑战性的课题。“路漫漫其修远兮，吾将上下而求索。”笔者将以“求是”的态度，进一步就化解矛盾问题进行深入研究，为建设更高水平的平安中国、法治中国贡献自己的微薄之力。

尽管笔者尽了最大努力去学习思考，但鉴于本人认识水平有限、阅历不够丰富、研究不够深入，本书还有很多不足之处，敬请读者朋友们给予批评指正，提出宝贵意见。

李维忠

图书在版编目（CIP）数据

矛盾化解金钥匙：基层纠纷排查调处实务指南 / 李维忠著．—北京：中国法制出版社，2022.1（2022.5 重印）
ISBN 978－7－5216－2450－2

Ⅰ.①矛… Ⅱ.①李… Ⅲ.①民事纠纷－处理－中国－指南 Ⅳ.①D925.1－62

中国版本图书馆 CIP 数据核字（2022）第 001548 号

责任编辑：朱丹颖　　　　封面设计：李　宁

矛盾化解金钥匙：基层纠纷排查调处实务指南

MAODUN HUAJIE JINYAOSHI：JICENG JIUFEN PAICHA TIAOCHU SHIWU ZHINAN

著者/李维忠

经销/新华书店

印刷/三河市国英印务有限公司

开本/710 毫米×1000 毫米　16 开　　　　印张/13.75　字数/163 千

版次/2022 年 1 月第 1 版　　　　2022 年 5 月第 2 次印刷

中国法制出版社出版

书号 ISBN 978－7－5216－2450－2　　　　定价：56.00 元

北京市西城区西便门西里甲 16 号西便门办公区

邮政编码：100053　　　　传真：010－63141600

网址：http：//www.zgfzs.com　　　　**编辑部电话：010－63141667**

市场营销部电话：010－63141612　　　　**印务部电话：010－63141606**